未来志向の
営業強化

成果創出の
「これまで」と「これから」

和田 創
経営コンサルタント

トラスト出版

未来志向の営業強化◈目　次

プロローグ

成果創出の「これまで」と「これから」

アナログ＆デジタル事例に即した営業強化のヒント

エピローグ

装丁／山之口正和（ＯＫＩＫＡＴＡ）

プロローグ

a　現場の数字づくりの未来が変わる

◎環境変化に即した営業強化の打ち手

本書は２０２０年代の環境変化にともなって数字づくりが変わるという認識のもとに「未来志向の営業強化」の打ち手をまとめている。

私がご縁をいただいたさまざまな業界や市場、規模や形態の企業における取り組みを踏まえつつ、顧客増加・売上増加の進め方を解説している。読者が参照しやすいように、成果創出の「これまで」と「これから」を記した。リアル商談・ウェブ商談を併用し、至難の売上増加と人員削減の両立を目指す試みも収めている。

本書がフォーカスしている営業は「収益獲得」の中核機能となる。実際、営業がもたらす利益により、あらゆる企業活動に要する人件費と諸経費が賄われる。

しかし、それは最前線の現場だけで担えるわけでない。

後方に経営層や本社のスタッフ部門が控える。例えば、社長や役員は全体の統率、経営企画室は戦略の策定や方針の樹立、人事部や教育部は人材の確保、営業統括・推進・企画部は現場の管理と支援、情報システム部は業務の遂行を担う。

直接的か間接的かという違いはあっても、企業の存続と成長に不可欠となる営業には大勢が携わっている。そうした関係者の巻き込みを目指す試みも収めている。

私自身は「数字づくり」に特化したコンサルタントである。そうした業務特性からクライアントは経済情勢により比率が変わるものの、業績拡大に挑む好調企業が2割、業績回復を急ぐ不調企業が8割を占める。

本書ではおもに不調企業での打ち手を明かしており、私が確立した「収益伸長の黄金比」を拠りどころとしている。この収益伸長の黄金比については注目が集まる「セールスイネーブルメント」と絡め、プロローグのなかであらましを説いている。

なお、本書でいう営業強化には「営業変革」が含まれると考えてほしい。私の経験に照らしても両者はほぼ同義であり、クライアントの大半で並行させてきた。数字づくりは「結果を出せない営業」の否定になるので当然だろう。

◎アナログのナマ事例とデジタルの活用事例

企業は環境の悪化や固有の事情により業績の低迷や下落に陥ることがある。それぞれが直面する困難や苦境が異なり、危機の度合や逆境の状況も異なる。さらに、業界・市場や規模・形態が異なり、抱える課題も異なる。

私が不調企業で業績回復に臨む際には「雇用維持」を引き受けの条件としている。リストラによる支出削減でなく営業強化による収入増加に軸足を置き、おもに現有戦力の底上げと再配置で成し遂げる。

私は当該企業における数字づくりの慣行に捉われないように注意し、最適な解決策を立案して実施してきた。緊急を要するテコ入れもあったが、抜本的な見直しもあった。

ただし、これらはフェイス・ツー・フェイスの教育、マン・ツー・マンの指導など、アナログの打ち手が中心となる。これからも有効なことに変わりないが、これからはデジタルの打ち手が付加される。

そうした理由から、本書では営業強化の取り組みとその発展としての「営業ＤＸ」を紹介する。アナログのナマ事例にデジタルの活用事例を添えている。自社での展開イメージが湧きやすいはずだ。

◎収益伸長の決め手は開発営業の定着

私はクライアントに「売上＝通常営業＋開発営業」という数式を示してきた。

一部の業界や市場を除き、通常営業は売り上げの「土台」に当たり、開発営業は売り上げの「上積み」に当たる。

◆開発営業の４区分

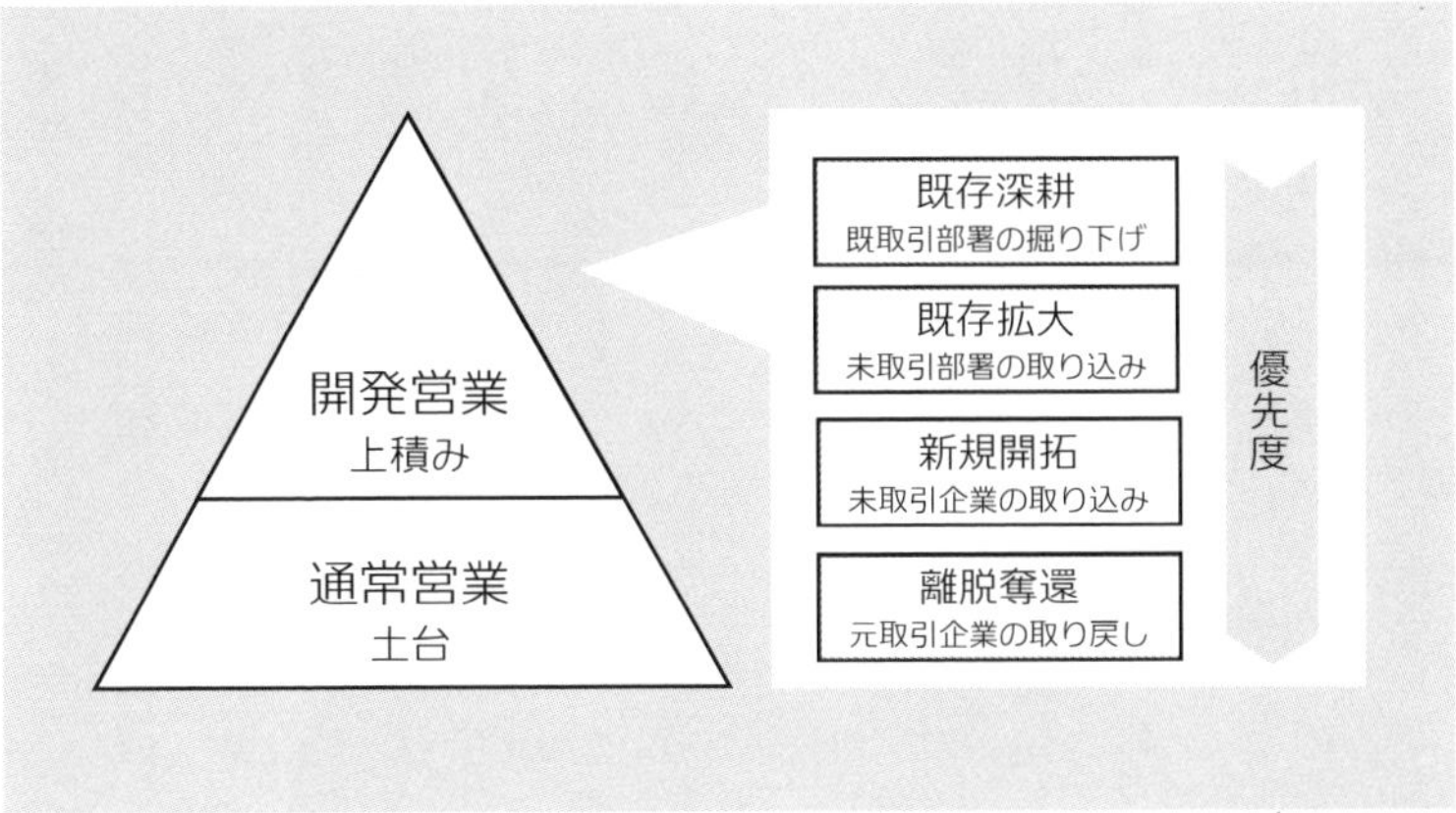

景気後退期・市場縮小期・競争激化期では習慣性の客回りに代表される通常営業による売り上げはかならず落ちる。新規開拓に代表される開発営業による売り上げを加えないと目標未達や前年割れを避けられないことになる。

ちなみに、開発営業は「既存深耕・既存拡大・新規開拓・離脱奪還」の総称である。前から容易度、したがって優先度の順番に並べた。既存深耕と既存拡大はどちらも既存顧客が対象になるが、前者は既取引部署の掘り下げであり、後者は未取引部署の取り込みである。

なお、離脱奪還は取引停止・解消の理由により困難度が変わる。自社に落ち度があった場合には新規開拓より難しくなる。

この売り上げづくりの数式を肝に銘じ、皆が当たり前のように開発営業を推し進めているのが高収益・高賃金企業である。

開発営業では新規顧客・既存顧客を問わず潜在ニーズを掘り起こす。「顧客理解⇩顧客共創⇩顧客貢献」という流れに基づく提案活動が主体になる。

通常営業では既存顧客の顕在ニーズを刈り取る。「顔出し⇩御用聞き⇩見積提示」という流れに基づく訪問活動が主体になる。

商談当たりの成約金額は、見積書で価格を提示する通常営業よりも提案書で価値を提供する開発営業のほうが断然大きくなる。

収益伸長の決め手は開発営業の定着である。勝ち組に入るには新規開拓を盛んにすればいいとシンプルに考えよ。

◎営業の困難度が格段に増した背景

成熟市場が深まり、社員が苦戦している。営業の困難度が格段に増した背景について、競合・顧客・商品の変化という3つに絞って述べる。

第1に、「競合の変化」である。生き残ったライバルは手強い。しかも、新興国などの海外勢が国内市場になだれ込み、戦いがグローバルになっている。

さらに、これまでの直接競合に加え、技術革新などをきっかけに間接競合が現れている。とどめはウェブ販売・受注の浸透であり、それがＢｔｏＢの取り引きにも及んでいる。

第2に、「顧客の変化」である。営業に求める水準が上がっている。大勢に共通のセリングポイントに関心を示さず自らに固有のベネフィットにしか興味を持たない。

また、ウェブ購買・発注に味を占めている。わざわざ相対する価値を感じなければ、簡便で低価格のそちらで済ませる。しかも、顧客自体が困難や苦境に直面しており、課題解決への貢献を願っている。そうした「期待値」を超える商談でないと受けつけない。


第3に、「商品の変化」である。「売上＝商品力（売り物）×営業力（売り方）」である。この商品力には品質や機能は当然として価格も含まれる。むろん、ブランドも含まれる。

商品の差異が縮まり、商品力が横並びになっている。営業は商品力の優位性を前提にして売り上げをつくることができない。ライバルと似たり寄ったりの商品を扱いながら利益を保つには営業力が秀でていなければならない。

◎営業のレベルが著しく落ちた背景

「売れない時代」が到来し、社員が困惑している。営業のレベルが著しく落ちた背景について、資質・職能・ストレス耐性の低下という3つに絞って述べる。

第1に、「資質の低下」である。若い世代ほど顕著であり、これは他の2つにも共通する。

少子高齢化につれて生産年齢人口が減少し、労働市場における需給関係が逆転した。なかでも営業職は社員を確保しにくい。商品を売る仕事という誤解が広がり、顧客に役立つ仕事という認識が薄れている。また、わがままで手強い顧客を相手にするので苦労が大きく成果が上がらないという実態が知れわたっている。

かつて四年制大学の経済系学部の学生はおおよそ営業職に就いた。しかし、いまや優秀な学生ほどマネジメント・マーケティング部門や間接部門など本社スタッフを志望する。新卒採用だけでなく、中途採用でも営業職は応募者が限られ、人材を採用しにくい。

第2に、「職能の低下」である。営業の仕事の土台となる「コミュニケーションスキル」が衰えている。

彼らが育った過程を振り返れば、核家族で世代間のふれあいが減り、少子化で兄弟間のふれあいが減った。学校ではクラスメイトとの関係性に心を砕き、距離を取ってきた。ましてや周囲との深いつきあいを経ていない。

顧客への働きかけと顧客とのやり取りで成り立つ「対人商売」の営業では致命的といえる。商談に入る前のリレーションをろくに築けない。

第3に、「ストレス耐性の低下」である。営業の仕事に必須となる「打たれ強さ」が身についていない。

彼らが育った過程を振り返れば、家庭でも学校でも塾・予備校でも大切に扱われてきた。容赦ない指摘や叱責をあまり受けていない。ましてや過保護に近い状態に置かれていれば、ひ弱なままということもありうる。

顧客からの冷ややかな反応や邪険な対応にさらされる新規開拓ではすぐに落ち込む。精神的な負担や苦痛に耐えられない。

◎勝ち組と負け組の違いはどこにあるか

営業の困難度が増したにもかかわらず、営業のレベルが落ちた。こうした状況を放っておいては収益伸長を望めない。

目標未達を繰り返し、業績下落を抜け出せない負け組が少なくない。かたや、厳しい環境でも目標達成を果たし、業績向上を保ちつづける勝ち組もある。

両者の違いはどこにあるのだろうか。

ついては、いわゆる「営業が強い会社」に起こった変化を明らかにしたい。これは2010年代に深刻化した営業職の採用難ともおおよそ符合している。

かつては根性論が幅を利かし、社員が日常的に発破をかけられていた。しかし、いまでは生産性が旗印となり、皆が恒常的に「ワーク・ライフ・バランス」を追い求めている。

一昔前の叱咤激励は「パワーハラスメント」として告発されかねない。我武者羅なだけの営業が強い会社はもはや消えかけている。

伸び悩む企業では依然として社員個々に収益伸長を委ねている。それも能力や技術というよりもやる気や気合のほうが重んじられており、科学的な視点が欠けている。それに対し、伸びつづける企業では合理的な思考に沿って組織立って収益伸長を叶えようとしている。

勝ち組と負け組の格差は市場競争が激化するほど広がっていく。本書では向かい風が吹き荒れるという前提で2020年代にやっていける営業のありようを模索する。

b　営業DX・イネーブルメントとは何か

◎膨張する営業と上司への不満のマグマ

プロローグの核心となる説明に入るが、最初にその結論を示したい。

事例はおもに未来志向の営業であるが、ここは「未来の営業」である。とはいえ、ごく近い将来のそれを述べる。

趣旨は、「①売上の確保を営業に任せない」「②部下の育成を上司に任せない」という2点である。

概要は、「①セールスイネーブルメントを導入する」「②その前提条件として営業をデジタルに置換する」「③上司に頼らず、収益伸長の即効性が高いＯＪＴを定着させる」という３点である。

内容は、概要に対応し、「①会社全体で数字づくりを推進する」「②販売・受注にデジタルトランスフォーメーションを適用する」「③実地ＯＪＴの同行営業にＡＩ上司、職場ＯＪＴの営業会議にＩＴ上司を活用する」という3点である。

私は１９９０年代に企画本と営業本を立てつづけに刊行した。プランナーとして販売促進・商品・事業・経営企画などに携わり、コンサルタントとして営業・事業・経営変革などに携わるなかで得たセオリーとノウハウを著したものである。著名誌などの書評に取りあげられたこともあって仕事に恵まれ、今日まで受託業務にのめり込んできた。

私は７０歳を迎えるに際し、これまでに培ってきた経験と知見を書籍にまとめ、企業の生き残り・勝ち残りに役立てていただきたいと考えた。が、それを何人かの知人に伝えたところ、「だれも営業に関心を持っていない」と取り合ってくれなかった。

事実は逆である。私が再生系のコンサルタントとしてクライアントで聞かされつづけてきたのは、「①営業が売上を立てられない」「②上司が部下を育てられない」という2点である。

すなわち、「売れる部下を上司がつくれない」という愚痴だった。

社長や役員、本社スタッフだけでなく製造部門までもが不甲斐ない営業と上司を裏で嘆いていた。加えて、現場の部下が自分をほったらかしにしている上司を陰で責めていた。

そもそも営業が商品を売ること、仕事を取ることができれば、経営方針を外すとか不祥事を起こすとかしないかぎり、危機に瀕するという事態は生じない。ほとんどの企業では営業がつくる成果が業績を決定づけている。

かえりみればバブル崩壊後に営業が成果を収められなくなった。それにともない営業に対する期待が薄れ、失望が広がっていった。

しかし、市場環境が一段と悪くなり、業績維持がいよいよ厳しくなった。現場に頼っていては数字が終わってしまうとの焦りや苛立ちが営業と上司に対する「不満」となり、爆発寸前のマグマのように膨張している。

企業が引きずってきた重しから解き放たれる営業の未来について明らかにしていこう。

◎営業強化は「デジタル化」から始まる

「デジタルトランスフォーメーション」という概念がある。英語の綴りは、「Digital Transformation」であり、「DX」と略される。2004年にスウェーデンの大学教授が提唱して、２０２０年のパンデミックの発生を受けて一段と関心が高まった。

これはアナログ依存からデジタル導入によりビジネスモデルを変革し、競争優位を樹立しようとする取り組みを指す。ちなみに、デジタルとはＡＩ、ＩＴ、ＩｏＴ、クラウド、ビッグデータ、５Ｇなどの先端技術である。

また、変革は単に現行の業務を効率化するのでなく、業務そのものを見直して再構築する意味合いが込められている。むしろ、こちらが主眼となる。

こうした動きは営業分野でも生まれている。環境変化と技術革新の加速により成果創出への危機感が高まるとともに、営業変革の重要性と緊急性が叫ばれるようになった。

ところが、社員が体で覚え、勘に即して仕事を行う営業は他の業務と比べ、これまでのやり方を踏襲する傾向がきわめて強い。

とりわけ不調企業では目標未達が続いていても、だれ一人として慣行を疑おうとしない。現場の管理者や担当者はもとより本社のスタッフや経営者も従来の延長線上でより一層頑張ることしか考えない。

営業におけるＤＸとはそのありようの変革を通じ、販売・受注などの収入増加と人件費や諸経費などの支出削減を両立させる取り組みといえる。

ＤＸはあくまでも手段であり、狙いは営業生産性の向上である。最終的な目的は業績基盤の強化である。

２０２０年代に企業同士の覇権をかけた争いがますます熾烈になることは間違いない。業界・市場のビッグスリーを中心に、シェアや地位などの勢力図ががらりと塗り替わる事態も起こりうる。その鍵を握るのが「セールスイノベーション」の実現である。

そして、営業変革の入口となるのが「デジタル化」である。言い換えるなら、営業強化はデジタル化から始まる。

◎セールスイネーブルメントの概念

営業ＤＸと並んで注目を集めているのが「セールスイネーブルメント」の概念である。英語の綴りは「Ｓａｌｅｓ　Ｅｎａｂｌｅｍｅｎｔ」である。

日本語に訳すと「セールス」は受注を含む販売であり、「イネーブルメント」は容易にするとか可能にすることである。平たく言えば、「もっと売れるようにする」。

これは会社として俯瞰的・有機的に営業活動を推し進めることで継続的に成果を上げる取り組みを指す。全体の最適化という観点からグランドデザインを設計し、最大のパフォーマンスを発揮する。

具体的に述べれば、数字づくりを後押しするさまざまな打ち手がトータルな枠組み・仕組みとして機能するように計画したうえで実行する。個別に作用していた機会・施策を見直して、収益伸長の「相乗効果」を引き出せる活動に改める。

セールスイネーブルメントは営業先進国の米国では２０１０年代初頭からＢｔｏＢ営業を行う企業を中心に広がった。生産性に対する意識が決して高いといえない日本でも大手企業などが取り入れつつある。

実は、営業管理システムのＳＦＡやＣＲＭでも、オンライン商談システムによるインサイドセールスでも米国に追随してきたという経緯がある。どちらも大きな後れを取った。

しかし、市場の成熟や競争の激化を経て業績の伸び悩み・落ち込みに直面する企業が増え、セールスイネーブルメントへの期待が高まった。

その背景について、顧客・社員・商談の変容という3つに絞って述べる。

第1に「顧客の変容」である。購買行動の変化や需要の個別化、相見積もりの厳格化、コストダウン・コストカット要求の熾烈化、関係・取引の短期化が進んでいる。

第2に「社員の変容」である。従事者の不足、知見の偏在、成績格差の拡大が生じている。

第3に「商談の変容」である。リードの取りこぼし、日数の長期化、成約率の低下が起こっている。

いずれも放置しておけない問題であり、これらを包括的に解決することのできる概念がセールスイネーブルメントである。

本書に収めた事例はこれをさまざまな業界・市場、規模・形態の企業に落とし込んだ取り組みである。そこに、将来的な取り組みも添えている。

◎セールスイネーブルメントの6大特徴

セールスイネーブルメントの際立った6つの特徴を図版で示した。順に手短な説明を行う。

❶重点施策：人材育成により営業強化

営業強化には人材育成が基礎になることは述べるまでもない。そもそも業績は一人ひとりの社員がつくる数字の合算である。各人の能力や技術を引き上げなくては目標達成も社業発展も果たせない。営業の育成は後に述べるが、本社での教育と現場での指導が2本柱である。

これまでは講師によるフェイス・ツー・フェイスの研修と上司によるマン・ツー・マンの訓練が中心になった。これからは人手に依存しない教育と指導が主流になる。本書はそこについても取りあげている。

しかし、営業の育成に絶大な影響を及ぼすのは「組織風土」である。営業が強いとされる会社は社員の能力や技術が優れているという以前に、風土の活発さが際立つ。2つの共通点に触れておこう。

◆セールスイネーブルメントの6大特徴

重点施策	人材育成により各人の能力や技術を向上して営業強化
必須資源	営業のセオリーやノウハウなどの知見を標準化・共有
実現手段	営業のデジタル化へＩＴやＡＩなどの先端技術を利用
効果測定	打ち手の有効性を数値可視化して検証・分析、改善へ
重点領域	業績向上へ開発営業の定着を図るため初期段階に注力
支援体制	営業任せから会社全体で協力し数字づくりに取り組み

第1に、社員がまずは動いてみる。壁にぶつかりながら考え、仕事を覚えていく。

第2に、社員が開発営業、そのなかでも新規開拓に挑む。当たり前のようにテレアポや飛び込みを行う。おのずと実力が培われていく。

私が請け負った業績回復では営業関係者の研修や訓練よりも営業風土の再生のほうを優先させてきた。例えば、テレアポはやり方を教えると「役に立った」という感想が多く寄せられるが、営業風土が低調な会社ではだれも実行へ移さない。知識に留め、行動に変えないので教えることに意味がない。

❷必須資源：営業知見を標準化・共有

営業に関わるセオリーやノウハウなど知見を標準化する。この情報資源は「❸最先端テクノロジー利用」のプログラミングに必須となる。実際、「テクノロジー×データ」という掛け算により機能を発揮しうる。

顧客への働きかけ・顧客とのやり取り、すなわち商談手法・営業話法は「模倣」による改善が手っ取り早い。

営業活動は「個人任せ」にされる傾向が強い。それが顕著なのがブラックボックスに置かれるフィールドセールスである。社員個々のナレッジの違いが成績の良し悪しに直結する。

そこで、成績優良者が保有するナレッジをヒアリングとウオッチングなどで洗い出したうえで、属人性を取り除きながら共通性を浮かびあがらせる。それを全員で共有して再現できるようにし、会社全体の営業強化を成し遂げる。

なお、この❷は「❶人材育成により営業強化」の教育と指導でも用いる。営業行動に関する知見のほか、営業管理に関する知見もある。これについては後に詳しく述べる。

❸実現手段：最先端テクノロジー利用

ＩＴに加え、ＡＩと呼ばれる人工知能など先端技術を利用する。

「❶人材育成により営業強化」と「❷営業知見を標準化・共有」を推し進めるに当たり、アナログの打ち手でやり抜くことは限界であり、デジタルの打ち手を取り入れることが急務である。

ＡＩは発展途上の技術であるが、さまざまな業務に生かせる水準に高まっており、しかもコストダウンが著しい。長らく「生産性の暗黒大陸」とされてきた営業分野においてＡＩが効率と効果の両面で貢献する余地はきわめて大きい。

また、ＩＴシステムであるＳＦＡ・ＣＲＭはＡＩが組み込まれることで❶と❷に寄与する。

なお、この❸は「❹数値可視化で打ち手評価」と「❺開発営業初期段階に注力」と「❻役割分担から役割統合へ」でも用いる。

❹効果測定：数値可視化で打ち手評価

個々の機会・施策は効果を数値化して測定するとともにグラフなどで可視化する。効果とは成果創出や目標達成への貢献度である。

それにより、これまで曖昧だった打ち手の有効性を科学的に検証・分析することができる。一目瞭然で比較が可能になり、「費用対効果」も明確になる。この過程で必然的に中止する機会・施策も出てくる。

そして、打ち手の改善・強化とともに全体の枠組み・仕組みの有効性をブラッシュアップしていく。おのずと打ち手の構成の緊密化が図られる。

つねに「ＰＤＣＡ」を回して相乗効果をより一層高めるのだ。ちなみに、ＰはＰｌａｎ＝計画、ＤはＤｏ＝実行、ＣはＣｈｅｃｋ＝評価、ＡはＡｃｔｉｏｎ＝改善である。

なお、この❹は「❷営業知見を標準化・共有」と「❸最先端テクノロジー利用」により叶えられる。

❺重点領域：開発営業初期段階に注力

念を押すなら、開発営業の定着が収益伸長・業績向上の条件となる。

その代表格である新規開拓を加速させるには初期段階に注力する。ついては、その門を潜る前に扉で跳ね返される事態を解消する。社員の大部分は序盤を乗り越えられなくて苦手意識が膨らみ、ブレーキを踏む。

商談のテーブルに着くことが先決であり、序盤では「相談」に乗る姿勢に徹しながら「緊張緩和⇩会話刺激⇩距離短縮⇩関係形成⇩情報収集」を進める。

しかし、新規開拓は困難度が増すばかりであり、すべてを営業に委ねては成果を収められなくなっている。そこで、「マーケティング⇩インサイドセールス⇩フィールドセールス」という役割分担を取り入れる企業が増えている。

具体的には、リードの「①ジェネレーション⇩②ナーチャリング⇩③クオリフィケーション⇩④クロージング」という流れでバトンをリレーしていく。目安を示せば、①をマーケティングが担い、②と③をインサイドセールスが担い、④をフィールドセールスが担う。営業が受け持つインサイドセールスとフィールドセールスは同じ組織や社員が行うこともあり、別の組織や社員が担うこともある。

本書ではマーケティングはリードジェネレーションの機能に限定している。インバウンドの受け皿となるウェブサイトやＳＮＳの制作、導入事例や成功事例を顧客の立場で資料化したホワイトペーパーの作成、リードナーチャリングを兼ねるメルマガの作成などを受け持つ。これについては取りあげていない。

この❺は「❶人材育成により営業強化」と「❷営業知見を標準化・共有」と「❸最先端テクノロジー利用」と「❹数値可視化で打ち手評価」により果たせる。

❻支援体制：役割分担から役割統合へ

営業部門が販売・受注を受け持つという認識から、会社全体で協力して顧客増加・売上増加に取り組むという意思へ転換する。「営業任せ」をやめるのにともない、数字づくりの支援体制を再構築する。

これまでも大手企業では営業統括部・推進部・企画部や販売促進部などの複数の部門が支援に携わってきた。こうした分業が発生したのは営業に求められる仕事の範囲が拡大するとともに水準が高度になり、本社から現場へのサポートが不可欠になったためである。

しかし、それぞれの部門が講じる打ち手がちぐはぐになり、全社的な観点では満足すべき成果を上げられなくなるという弊害が目立ちはじめた。その反省を踏まえ、縦割りの組織を横断した取り組みに変えようと、分担した役割を統合する動きが顕著になっている。

具体的に述べれば、複数の部門を統括する正式なセクションを設置するか、それが社内事情から難しければ関与部門からスタッフを招集して短期のチームを編成する。後者はタスクフォースの性格を帯びる。

この❻は「❶人材育成により営業強化」から「❺開発営業初期段階に注力」まで、すべてを推進する中核的な役割を担う。

以上。セールスイネーブルメントの6大特徴を示したが、これらは密接に関係・影響し合っており切り離せない。どのような機会・施策になるかはこれ以降に述べる。

C 「収益伸長の黄金比」の4要素の適用

◎セールスイネーブルメントのスキーム

セールスイネーブルメントのスキームを図版で示した。これと見比べながら説明を読み進めると分かりやすいはずだ。

実は、当社が業績回復に携わるうえで拠りどころとする「営業成果創出標準モデル」の骨格になる「収益伸長の黄金比」と同一である。

さまざまな業界・市場、規模・形態のクライアントで試行錯誤を経ながら固めた販売・受注

◆セールスイネーブルメントのスキーム

営業を育てる

人材育成

社員個々のスキルに寄与

営業教育（Ｏｆｆ ＪＴ。集合研修）

①セミナー会場での講師による講義主体
②学習に留まり仕事に結びつかない傾向
③経営上の課題に位置づけた実施が条件

10%

営業指導（ＯＪＴ。現場訓練）

①同行営業（実地）＋営業会議（職場）
②同行営業は顧客接点で行動をすり込み
③営業会議は行動の相互助言の場へ刷新

40%

《コアコンテンツ》

営業プロセス

（ステップ＆アクション）

開発営業のスタートからゴールまで、
踏むべき段階、取るべき行動を指針として制定

プロセスを具現化すると左下の「営業道具」へ
プロセスを精細化すると右下の「営業情報」へ

営業道具（ツール）

①最良のセールストークのテンプレート
②社員がつまずきやすいプロセスに焦点
③前から順に雛形を読むだけで商談進展

40%

営業情報（コンテンツ・データ）

①アナログコンテンツ＋デジタルデータ
②営業尺度⇨営業規範データで行動変容
③営業帳票⇨営業指標データで管理転換

10%

営業を支える

環境整備

会社全体の仕組みに相当

による数字づくりの決め手である。いまから思うとセールスイネーブルメントの概念を先取りしていたことになる。

これ以降の説明におけるセールスイネーブルメントのスキームとエレメントは収益伸長の黄金比と同義と見做しても構わない。

このスキームは大きく「収益＝人材育成×環境整備」から成り立つ。人材育成では「営業を育てる」。環境整備では「営業を支える」。

これをさらにエレメントに分解すると「収益＝（営業教育×営業指導）×（営業道具×営業情報）」になる。

「営業が強い会社」は社員個々のスキルに寄与する教育と指導に頼らず、会社全体の仕組みに相当する道具と情報が整う。

とくに教育はおおもととなる取り組みゆえに中長期を要する。業績の責任を負う経営者や管理者の立場からすれば、「営業が育つのを待たない」という発想も重大となる。

４つの要素の度合は、「営業教育」が１０％、「営業指導」が４０％、「営業道具」が４０％、「営業情報」が１０％である。比率は要素そのものの重要度でなく、あくまでも数字への直結度を表す。収益伸長の「即効性」と言い換えられる。

業界・市場、規模・形態を問わず、勝ち組は比率が若干違ってもこれらの「相乗効果」を重視している。セールスイネーブルメントの概念に照らし、自社に最適な成果創出のスキームを設計する必要がある。

なお、4要素のうちの「営業指導」と「営業道具」だけで8割を占めており、「収益＝人材育成×環境整備≒営業指導×営業道具」と考えて差し支えない。高収益・高賃金企業はこの2要素が圧倒的に充実している。

本書に収録した事例は4要素のすべてを適用しているわけでない。しかし、当該企業が弱い要素を補ったり強い要素を伸ばしたりして業績回復・業績拡大に努めている。また、近い将来を想定し、営業情報に着目した打ち手を添えている。

◈「営業プロセス」がコアコンテンツ

営業強化の出発点は「営業プロセス」の設計である。これをコアコンテンツとして、収益伸長の黄金比を構成する4要素をさまざまな機会・施策として展開していく。

このプロセスは「営業ステップ」と「営業アクション」から成り立つ。開発営業、なかでも新規開拓を念頭に置き、スタートからゴールまで社員が踏むべき段階、取るべき行動を指針として定める。

行動が数字をつくる。行動が原因、数字が結果という関係である。この行動とは、顧客への働きかけ、顧客とのやり取りを指す。これには商談手法はもとより営業話法が含まれる。

したがって、プロセスの設計は数字という結果をもたらす行動という原因の標準化にほかならない。「数字につながる行動を定義する」と言い換えられよう。

私はその際には「顧客第一」の精神に即し、顧客の立場や目線で行う。それにより、「カスタマーファースト」がステップ&アクションに投影される。そして、社員一人ひとりがこうした一連の手続きを大切にする。

このプロセスは「当社で営業として働くからには絶対にやり抜く」という掟である。営業活動での根幹の約束事、社員から顧客への誓いになるので、私はまま「営業憲章」と呼ぶ。

売ろうとして売れる時代は終わっており、主役の顧客から共感と信頼を得られる営業活動に変わっていなければならない。プロセスはその確かなガイドラインとなる。

憲法がないと国家を治められない。同様に、営業に憲法がないと顧客接点は自社第一、ときに自分第一の「無法地帯」と化す。企業の存続を揺るがしかねない不祥事が起こる。

プロセスは法令順守に寄与する。それなくしては当然のチェック機能が働かず、正義が失われる。営業における最重要の「コンプライアンス」とは顧客第一の徹底なのである。

話を戻そう。新規開拓で成果を上げるには営業プロセスを定める。クロージングで断られるわけでない。必須の手続きを端折ったために営業活動の終盤で「断り」として表れたにすぎない。

当社が設計するプロセスでは、定めたアクションを取らないと次のステップへ進めないようになっている。そうでないと行動を飛ばして段階を駆け上ろうとする社員が出てくる。途中でつまずいたり転げ落ちたりするのでゴールにたどり着けない。

また、プロセスはプロセスマネジメントに加えて「プロジェクトマネジメント」の実践でも前提となる。

後に述べるが、プロセスを具現化すると左下の「営業道具」になり、プロセスを精細化すると右下の「営業情報」になる。

◎「営業教育＝ＯｆｆＪＴ」は１０％

「営業教育」はセールスイネーブルメントの図版の左上に位置する。講師による集合研修を中心とした「ＯｆｆＪＴ」に当たる。勉強熱心な企業が力を入れているが、数字への直結度では１０％を占めるにすぎない。

近年は一段と営業教育の効果が低下している。社員が「教わってもやらない」ことが主因である。高学歴化が顕著な大手企業では「行うためでなく知るために研修に参加する」社員が目立つ。学校が行う受験教育と会社が行う職業教育の違いに気づけない。

ただし、ＯｆｆＪＴが無意味というわけでない。繰り返しになるが、数字づくりはあくまでも「教育・指導・道具・情報」の４要素の相乗効果により加速させる。

ちなみに、業績に結びつく営業教育は「経営」における重要課題に位置づけて実施する。社員一人ひとりの自主性を尊重した研修では目に見えた成果を収められない。そもそも営業の仕事は営業の勉強ときわめて「相性」が悪い。

◎「営業指導＝ＯＪＴ」は４０％

「営業指導」はセールスイネーブルメントの図版の右上に位置する。上司による現場訓練を中心とした「ＯＪＴ」に当たる。数字への直結度ではＯｆｆＪＴの１０％に対して、ＯＪＴは４０％を占める。

ビジネスにおける人材育成とは結果を出せる社員をつくることであるはずだから、その観点では営業教育は営業指導にまったく叶わない。派遣講師などが教室で行う集合研修よりも直属上司などが職場や実地で行う現場訓練のほうが断然勝るのは当然といえる。

四半世紀を超えて教育に注力してきた私としては悔しいが、動かしがたい事実である。

この営業指導は同行営業などの「実地ＯＪＴ」と営業会議などの「職場ＯＪＴ」が２本柱となる。ただし、ＯＪＴの成果は指導に当たる管理者の手腕に著しく左右される。そこが大半の企業にとって切実な悩みとなっている。

極論になるが、ＯＪＴが根づいているとしたら勝ち組に入れる。私がこれまでに見聞きした範囲ではそうだった。

◎「実地ＯＪＴ＝同行営業」の定着

同行営業は上司が部下につき添い、顧客接点で数字につながる営業行動をすり込む格好の機会である。当人が得られる「気づき」は集合研修と比べられないくらい大きく深い。念を押すなら、この行動には商談手法や営業話法が含まれる。

しかし、同行営業は定着していない。その理由はおもに上司の「多忙」と「指導力不足」の2つである。

第1に、上司が多忙で部下に時間を割いていない。プレイヤーとして駆けずり回っており、部下がほったらかしになっている。また、自分がおいしい顧客を囲い込んでいるので成績が悪いはずがなく、それで面子を保とうとする。

第2に、上司が指導力不足で部下にアドバイスを与えられない。そのための基準を持っておらず経験や勘に頼ってしまう。したがって、自分が商談の多様な現実に振り回され、助言や指摘がころころと変わる。部下が混乱を来す。

営業の職場では「プレイングマネジャー」という言葉がある。私が関わったクライアントでは上司はたいてい凡人であり、プレイヤーとマネジャーという「一人二役」は務まらない。どちらかに片寄るか、どちらも疎かになっていた。プレイに疲れきった上司に部下のマネジメントに当たる余力は残されていない。

同行営業の実施に関する留意点を述べよう。上司は面談前と面談後に助言や指摘を行う。面談中に安易に口を挟まない。放っておいたら支障が出るというぎりぎりのタイミングまで我慢する。あくまでも部下を見守る。自分が商談をやってしまわない。

この同行営業を踏まえ、弱点や欠点に絞って「ロールプレイ」を行う。上司が顧客、部下が営業という役割分担に基づく模擬商談である。記憶が鮮明な当日に済ませたい。参考までに述べれば、日次報告を踏まえ、ロールプレイを行うことも多い。

フィールドセールスという外勤営業に立ち会う同行営業のほかに、インサイドセールスという内勤営業に立ち会う「同席営業」がある。後者はオンライン商談システムを利用する。

上司がわざわざついていくフィールドセールスに対し、インサイドセールスでは営業力に不安のある部下や有望性のある案件に気軽に関与できる。上司が隣に座るだけなので、アドバイスを与えられる部下の人数も商談の件数も増やせる。

根が真面目でやさしい管理者ほど「部下を育てる能力がない」と嘆く。しかし、はなはだしい勘違いであり、部下は能力でなく「時間」で育てる。とりわけ同行営業に時間を割くことが先決となる。

◎「職場ＯＪＴ＝営業会議」の刷新

営業会議は数字づくりの当事者が集結し、目標達成を後押しする貴重な機会である。ほとんどの企業でおおよそ定期的に行われている。

しかし、「議題」があらかじめ資料を配付すれば済ませられる数字という結果になり、それをもたらす行動という原因になっていない。

そもそも営業会議は上司のためでなく部下のために開く。発破をかけないと不安だからという理由で部下を招集する上司さえいる。これを部下が参加したいと思う機会に刷新する。

実は、営業会議のありようは営業管理のありようと一体の関係である。その有効性を高めるには、運営の根底にある営業管理の思想を変えなければならない。

そこで、営業管理の基本中の基本について触れておきたい。

「行動が数字をつくる」。が、行動を決めるのは管理である。ゆえに、管理が変わらないと行動が変わらず、行動が変わらないと数字が変わらない。つまり、上司が変わらないと部下が変わらない。変われないのだ。

すなわち、営業強化は「行動変容」と「管理転換」を同時に進めてこそ成し遂げられる。業績向上の決め手となる開発営業が職場で盛んになるかどうかは管理次第である。

皆が口にする「営業管理者」という言葉が曲者である。部下の管理に気を取られる。そうでなく部下の支援に目を向ける。

結論を述べれば、目標必達のマネジメントのキモは営業管理から「営業支援」への転換である。要は、部下を縛るのでなく「助ける」。私は支社・支店長や部・課長、所長を対象とした研修で「営業管理者とは営業支援者のことである」と繰り返し説いてきた。

目標管理が「結果管理」になっているとしたらまったく機能しない。それは「実績管理」であり、「後追い管理」である。

もともと結果は管理できず、把握するのが関の山である。年度末に数字が出るとそれが目標未達であっても後の祭となる。言い訳と反省がもっともいけない。

そこで、即座に「原因管理」に改める。それは「行動管理」であり、「先行管理」である。

「結果がすべて」だからこそ、結果に捉われてならない。数字という結果をもたらす行動という原因を重んじる。「行動評価」へ切り替えることを意味する。

一人ひとりが「行動の事実」をとことん追いかけられる行動評価はごまかしが利かないので「結果評価」より滅茶苦茶厳しい。結果の謝罪が一切許されなくなる。

◆目標必達のマネジメント

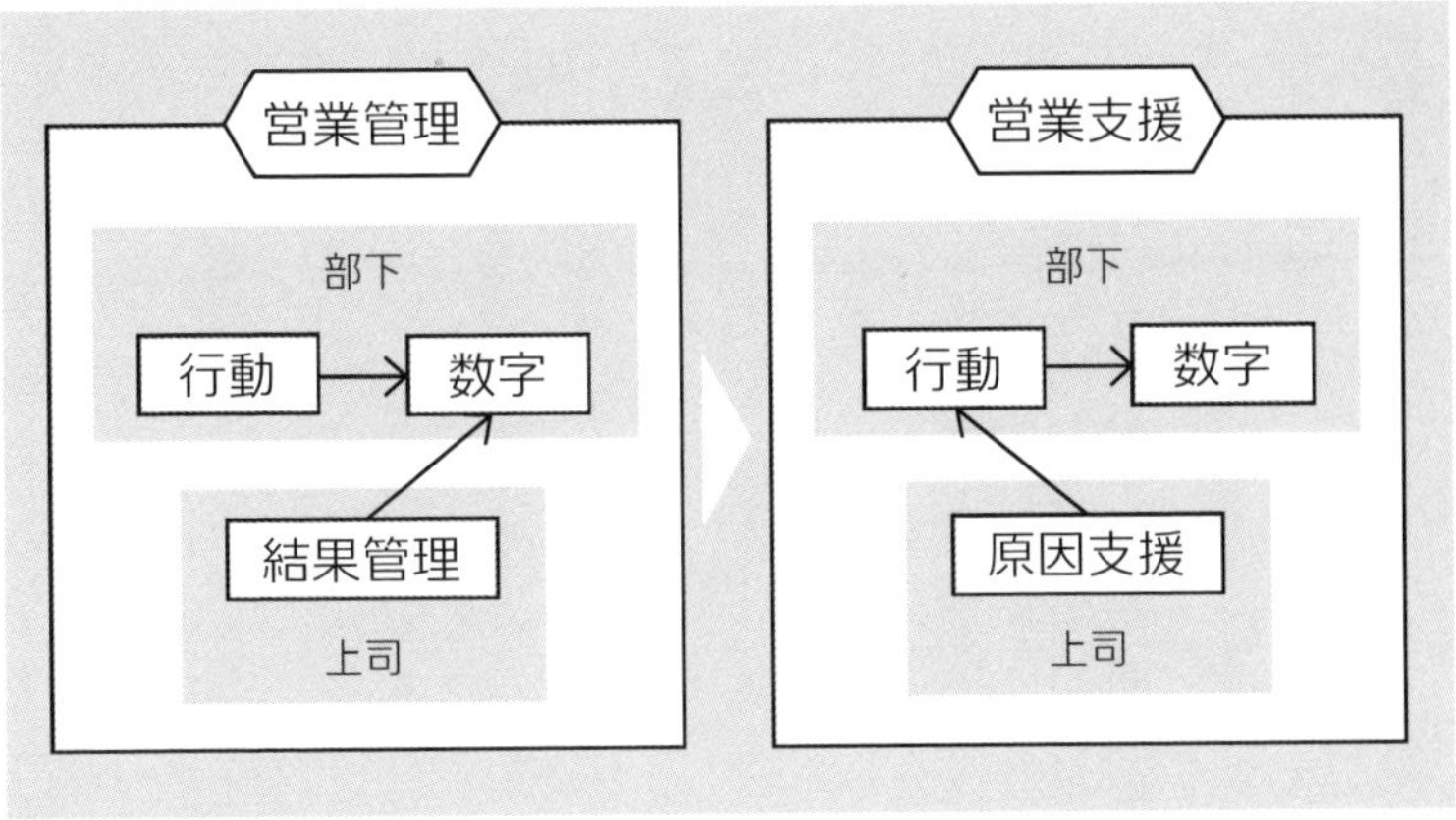

営業会議では主要案件に関して検討を掘り下げる。互いに知恵を出し合い、互いに助言を与え合いながら案件の育成・着地を促す。良質な営業ナレッジが共有される。さらに全社員・全組織の取り組みが共有される。競争心もおおいに刺激される。

パンデミックをきっかけに大手企業を中心にテレワークが導入され、「ウェブ会議」も普及しつつある。しかし、ここで述べた運営の要諦は同じである。

◎「営業道具＝ツール」は４０％

「営業道具」は、セールスイネーブルメントの図版の左下に位置する。会社による商談支援を主眼とした「ツール」に当たる。数字への直結度では右上に位置する営業指導と並んで４０％を占める。

営業プロセスを具現化して営業道具を作成する。最良のセールストークを標準化してテンプレートとして仕上げる。社員が前から順番にこの「雛形」を読むだけで商談が進むようにつくり込む。営業ツールはその趣旨からして「営業プロセスツール」になっていなければならない。だからこそ、開発営業のスタートからゴールまで一気通貫でナビゲートできる。社員は営業活動の進捗状況に応じて繰り出していく。

となると、やはり営業プロセスは収益伸長のコアコンテンツである。営業ツールの作成ではかならずその設計から始める。

社員が新規開拓で苦手意識やストレスを感じるのは序盤から中盤にかけてだろう。なかでもつまずきやすい初期段階を乗り越えらえるように重点的に助ける。

営業ツールの根底に「習うより慣れよ」という考え方がある。顧客接点で用いるうちに決定権者やキーマンなど上層部へ働きかけるコツ、上層部とやり取りするコツを飲み込める。社員が自ら踏んでいたブレーキを緩めはじめる。

会社としてのツールの提供は最前線で手強いライバルと戦う部隊に「武器」を供与するイメージである。これなしに「新規開拓をやれ」と命じるのは、戦場に兵士を丸腰で送り込むのと何ら変わらず、惨敗を喫する。

営業道具は40%を占める営業指導で手本に用いると80%に達し、10%を占める営業教育で教材に用いると90%に達する。厳しい市場環境でもシェアを伸ばしつづける勝ち組は営業ツールの有効性と活用法を熟知している。

ここで、営業ツールのうち、とくに使い勝手がいい「ベーシックアイテム」を示そう。

❶トークスクリプト

最初に上層部へ「貢献のテーマ」で切り込む。この貢献のテーマとは「課題仮説」であり、要は突き刺す。決定権者やキーマンに初回面談を申し入れるテレアポのほか飛び込みで使う。また、パソコン画面に表示してウェブ商談の冒頭でも用いる。

❷汎用提案書

早期に上層部の関心を惹きつける。表紙に決定権者などの名前を入力して使い回す。それにより、資料の作成省力化と質的向上を図る。社員がその都度つくらなくて済む。

自社第一の説明になるが、分かりやすいたとえと考えてほしい。一本の釣竿の数本の針につけた「餌」のどれかに食らいついてくる工夫を凝らす。この餌とは異なる貢献のテーマ、すなわち課題仮説である。引っかけてしまえば釣りあげるだけでいい。

顧客理解が深まったところで編集加工を施せば終盤のプレゼンテーションでも使える。

❸おみやげ

上層部に手ぶらで訪問せず、情報を持参する。「もう来なくて結構です」と告げられる事態を防ぐ。優良顧客や大口商談の取り込みには幾度も「通う」ことが条件である。数タイプの情報を用意すれば、その分だけ継続訪問が可能になる。

❹サーベイシート

上層部から「宿題」をもらう。ならば、関係が途切れることはない。その「答」を携えて次回面談に臨むのでやり取りを充実させられる。手っ取り早く関心の有無やありかを探りたいときに用いる。したがって、見極めだけでなく「見切り」も行える。

❺情報収集項目

顧客理解を掘り下げる質問と観察を行う。決定権者やキーマンに加え、窓口でのヒアリングや現場でのウオッチングに用いる。何を問うか何を観るかという物差しにほかならない。

ほかにもいろいろなアイテムがあるが、あれこれ与えると消化不良が起こる。念を押せば、自社における新規開拓の進捗と成果の阻害要因に絞って作成する。

なお、ツールの導入時にそれを手本として「ロールプレイ」を行う。自社と顧客という役割分担に基づく模擬商談である。使いこなせる水準に達するまでトレーニングを積む。実は、営業の難度が高く、商談の金額が膨らむ業種・企業ほどツールの効き目が大きい。

営業ツールはアップデートを瞬時に、しかも全職場・全社員に行える「デジタル利用」が主流になりつつある。それ以前に、商品の品質や機能の改良、仕様や価格の変更などの周知を図れる。フィールドセールスでタブレットやスマートフォン、インサイドセールスでパソコンの

◆コンテンツ・データのブレイクダウン

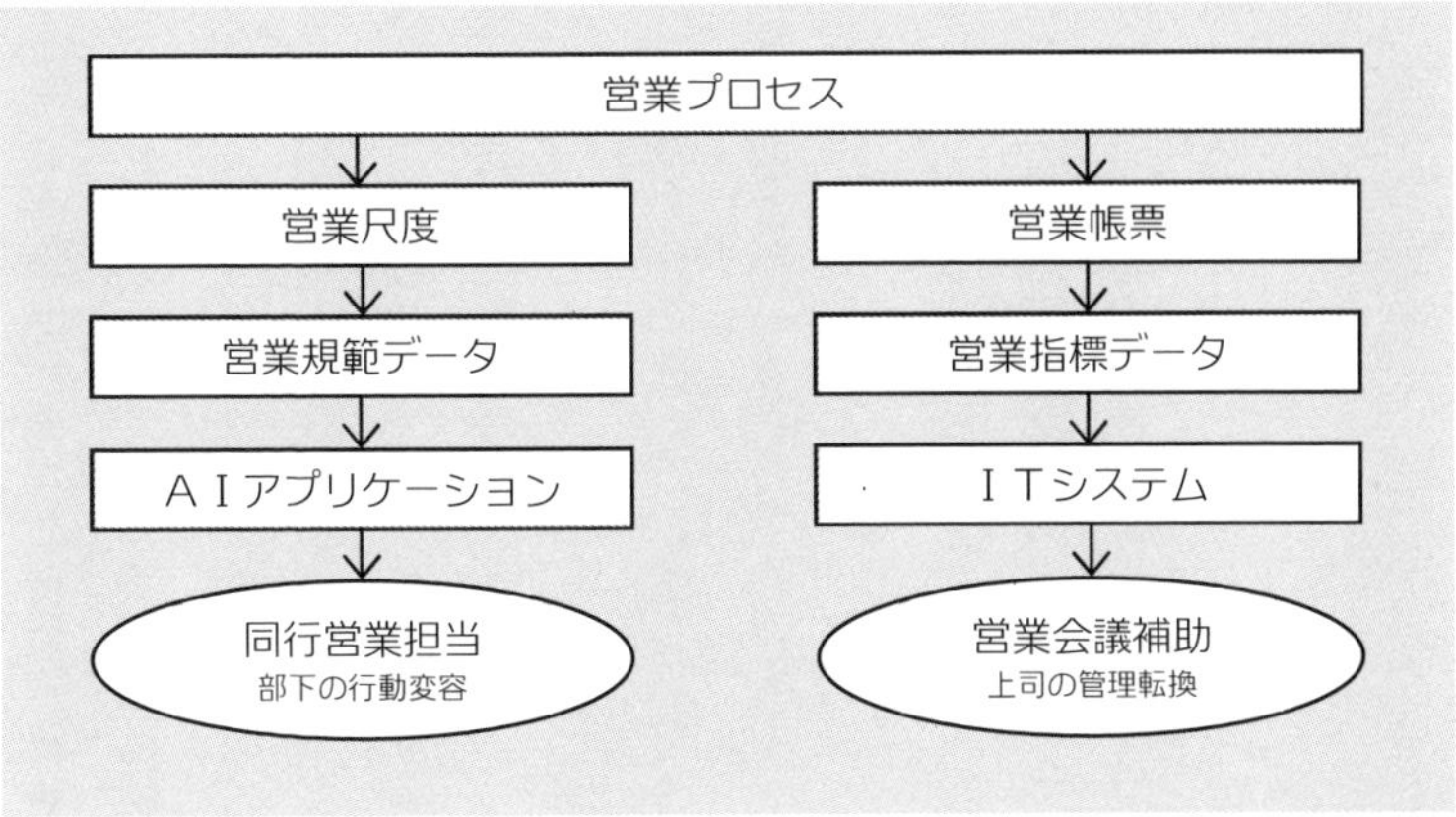

画面に表示する。とくに後者のウェブ面談ではツールの出来で成果が著しく左右される。

◎「営業情報＝コンテンツ・データ」は１０％

「営業情報」は、セールスイネーブルメントの図版の右下に位置する。会社による商談支援を主眼とした「コンテンツ・データ」に当たる。数字への直結度では、１０％を占める。

営業プロセスを精細化して営業情報を作成する。本書では、コンテンツはアナログでの利用を想定しており、データはデジタルでの利用を想定している。

順序としては、「営業尺度」と「営業帳票」というコンテンツを作成し、それぞれを緻密化・体系化して「営業規範データ」と「営業指標データ」というデータを生成することになる。

念を押せば、「営業プロセス⇩営業尺度⇩営業規範データ」「営業プロセス⇩営業帳票⇩営業指標データ」という流れでブレイクダウンを行う。それゆえ、営業尺度と営業帳票は骨格版もしくは簡素版、営業規範データと営業指標データは肉付版もしくは詳細版という関係である。

営業情報そのものは数字への直結度で１０％に留まる。しかし、プログラミングを通じ、営業規範データはＡＩアプリケーションとして同行営業を担う。営業指標データはＩＴシステムとして営業会議を助ける。

したがって、営業指導の４０％が加わるので「５０％」に高まる。さらに、営業尺度と営業帳票がテキストに使われるなら営業教育の１０％が加わるので「６０％」に達する。

営業情報を用いることで教育指導が経験に基づいた属人的なものから基準に照らした科学的なものに変わる。なかでも同行営業の効果が圧倒的に高まる。

本書でいう営業情報は営業強化・営業変革に寄与するセオリーやノウハウなどの知見に限っている。むろん、営業の数字づくりではさまざまな情報が必要になる。

例えば、商品知識・技術情報、社会動向・産業動向・経済動向・業界動向・市場動向・商圏動向・競合動向、ＳＦＡ・ＣＲＭの行動情報・顧客情報・商談情報である。しかし、これらを除いている。

◆営業尺度と営業帳票の主眼

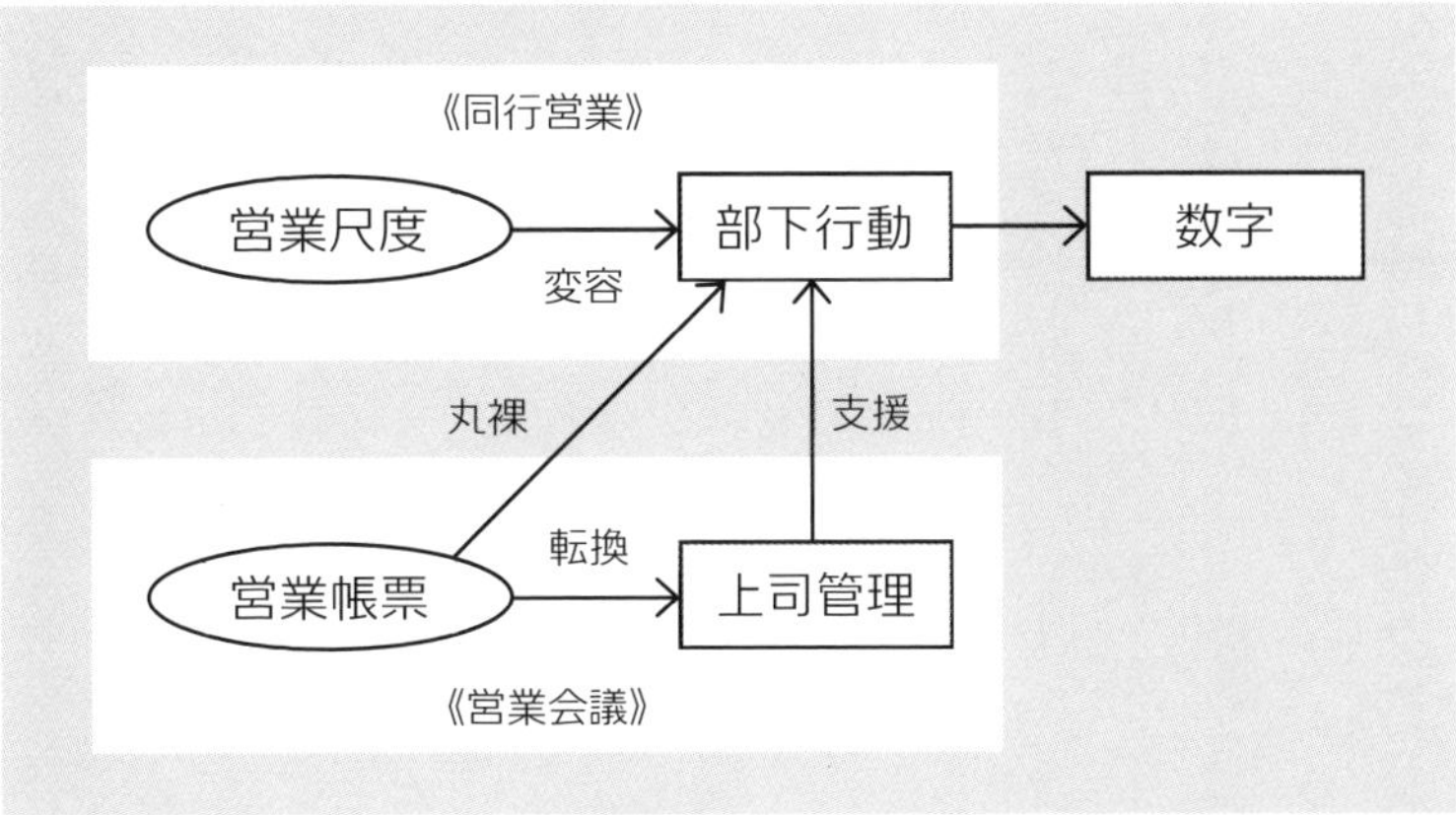

◎「営業尺度」の作成

「営業尺度」の作成は数字という結果をもたらす行動という原因の標準化にほかならない。数字を決定づける「行動の変容」が主眼である。

それゆえ、会社としての「簡易営業マニュアル」を兼ねる。さらに、上司の部下評価、部下の自己評価において「営業チェックリスト」を兼ねる。前者は同行営業や同席営業を指しており、その際の助言や指摘の基準になる。

なお、勝ち組は上司がＯＪＴで立ち会っていなくてもセルフチェックが行われている。優秀な人材が揃っていると考えるかもしれないが、本人による検討が根づいている。営業尺度が用意されていれば能力が劣る部下でもこれと商談手法や営業話法を照らし合わせればいい。

業績不振企業では「うちの営業は特別」「うちの営

業は特殊」という思い込みが激しく、それを客観的に解明しようという視点と発想を持つことができない。

しかし、私はクライアントで特別な営業活動、まして特殊な営業活動を一度も目の当たりにしていない。どこも似たり寄ったりである。

営業に関するセオリーやノウハウなどの「知見」は業界や市場で差異がいくらか認められるものの、企業に特有のそれはきわめて限られる。なかでも基本は共通しており、したがって汎用性がある。

◈「営業帳票」の作成

「営業帳票」の作成は、数字という結果をもたらす行動という原因に作用する管理の標準化にほかならない。行動を決定づける「管理の転換」が主眼である。

なお、勝ち組は上司がＯＪＴでつきっきりにならなくてもセルフマネジメントが行われている。厳格な管理がされていると考えるかもしれないが、本人による検討が根づいている。営業帳票が用意されていれば能力が劣る部下でもこれに商談進捗や案件育成を当て嵌めればいい。

この帳票には管理者の使命、すなわち人材育成を通じた目標達成を果たせる仕組みを盛り込む。そのためには、営業活動の量と質を同時に把握できるように設計する。

営業帳票を用いることで社員ごとに、部門・拠点ごとに開発営業の取り組みの意欲と実態が丸裸になる。

さらに、帳票の「解析結果」を見ると数字という結果をもたらす行動という原因のとんでもない「格差」に愕然とする。作業に留まる社員が成績不振者で、仕事に挑んでいる社員が成績優良者であることが明白になる。ちなみに、作業とは勝手を知った既存顧客の慣れ親しんだ担当者への顔出しであり、仕事とは権限を有する決定権者やキーマンへの働きかけである。

数字の良し悪しは偶然でなく必然であることを嫌というほど思い知らされる。

社員や部下に「やれ」と強制してもうまくいかない。そうでなく、あくまでも本人に気づかせる。これまでの営業活動を恥じるとともに進んで「自己改革」へ踏み出すように導く。

営業帳票は数字の上積みを促す「❶行動計画⇩❷営業日報⇩❸案件進捗管理」の3タイプから成る。上司がこれを用いた「検証」を怠ると、部下は易きに流れる。つまり、開発営業を避け、通常営業に浸かる。部下の成績、したがって部門や拠点の業績は検証の徹底度で決まる。

帳票は部下が自分の行動を記入するフォーマットになるだけでなく、上司が日次報告や営業会議、必要ならば個別面談で部下の行動に関与する材料になる。双方が「ＰＤＣＡサイクル」を回すことができる。

3タイプの営業帳票について以下に手短に説明を行う。

◆３タイプの営業帳票の関係性

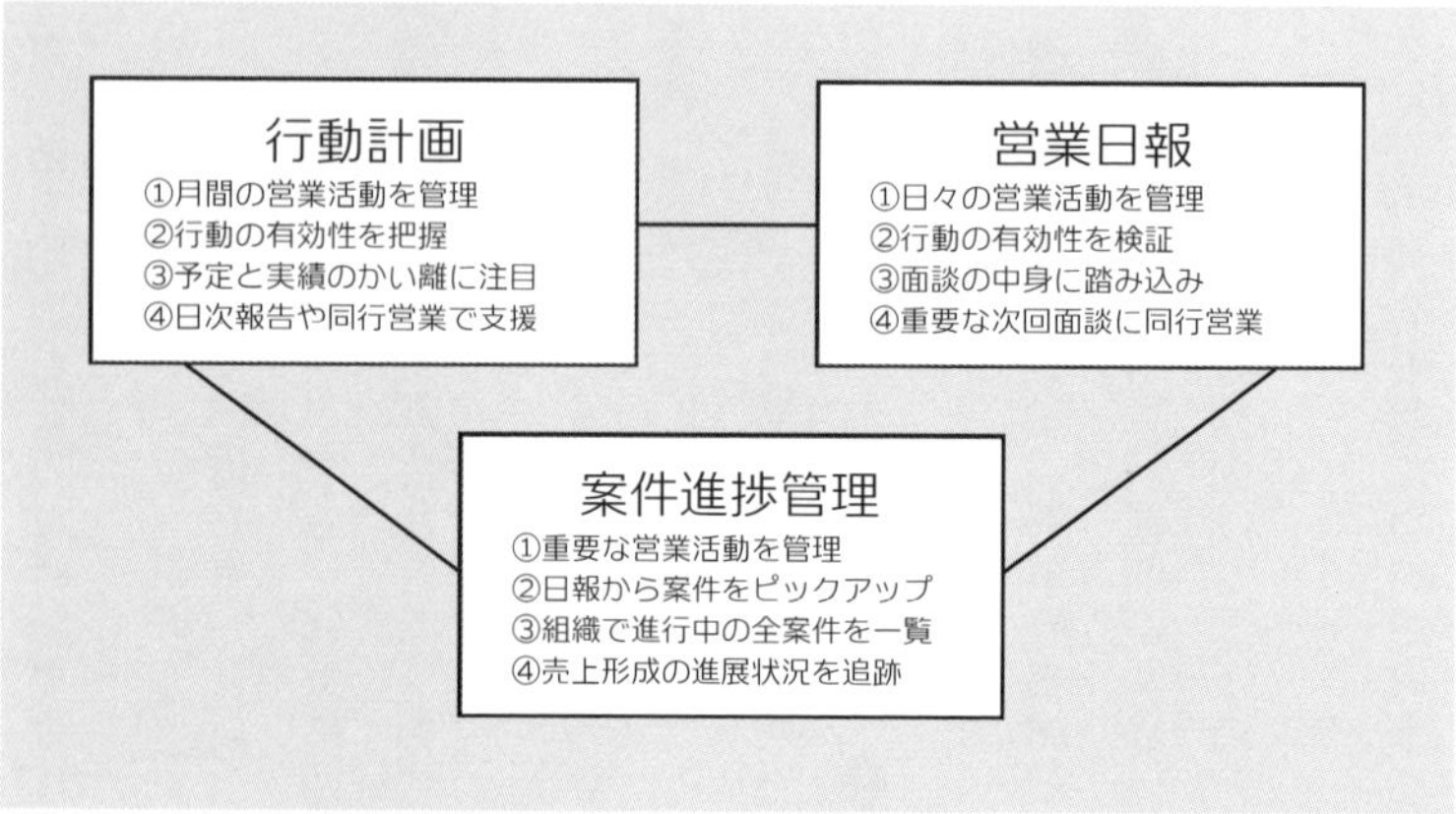
行動計画
①月間の営業活動を管理
②行動の有効性を把握
③予定と実績のかい離に注目
④日次報告や同行営業で支援
営業日報
①日々の営業活動を管理
②行動の有効性を検証
③面談の中身に踏み込み
④重要な次回面談に同行営業
案件進捗管理
①重要な営業活動を管理
②日報から案件をピックアップ
③組織で進行中の全案件を一覧
④売上形成の進展状況を追跡

❶行動計画

月間の営業活動を管理する。管理者は部下の営業行動の有効性をつかむ。そして、予定と実績のかい離を睨み、日次報告や同行営業でＫＰＩを高める。あらかじめ目標未達を防ぎ、年度末に謝罪する事態が起こらないようにする。

❷営業日報

日々の営業活動を管理する。管理者は行動計画と突き合わせ、部下の営業行動の有効性を調べる。そして顧客接点での働きかけ・やり取りの中身に踏み込む。案件に発展しそうな面談を見逃さないようにする。次回は同行営業をかけることになる。

❸案件進捗管理

重要な営業活動を管理する。管理者は営業日報を踏まえ、部下それぞれの案件をピックアップする。そして、営業会議で部門や拠点の全員が推し進める案件を一覧し、売上形成の進展状況を追いかけられるようにする。部下も同僚に負けられないという気持ちが湧いてくる。

以上。営業帳票を用い、計画に沿って行動を取り、日報に落とし、そのなかから案件を育てる。

利用の定着につれ、皆が毛嫌いした新規開拓が盛んになり成果がみるみる上がる。

◎面談有効度による創出成果の引き上げ

「目標未達」が発生する理由は社員が目標数字に見合う営業行動を取れないことに尽きる。そうした不甲斐なくも厄介極まりない状態を改めるには、一人ひとりの顧客接点での働きかけ・やり取りが販売・受注に結びつく「確度」を押さえることが絶対条件となる。

これは営業活動の「質」の見える化である。訪問の件数や頻度などの営業活動の量の見える化で終わらせるわけにいかない。面談の中身や価値を測る物差しが欠かせない。

そのキモとなるのが「面談有効度」を設定することである。それにより、営業活動の質的評価を可能にし、数字づくりの「はかどり具合」を指標化する。

予算目標というＫＧＩにたどり着く過程の「ＫＰＩ」に当たる。ＫＰＩは「Ｋｅｙ Ｐｅｒｆｏｒｍａｎｃｅ Ｉｎｄｉｃａｔｏｒ」の頭文字、ＫＧＩは「Ｋｅｙ Ｇｏａｌ Ｉｎｄｉ cator」の頭文字である。

営業帳票の作成でもっとも骨が折れるのは、この面談有効度を構成するエレメントを突き止めることである。それは収益形成の急所となる要素の究明を意味する。

ヒアリングやウオッチングなどを経て営業水準・特性・実態を解析するほか、経営・業績状況に応じて「営業戦略」とリンクさせることもある。実は、営業プロセスは鍵となる要素であり、やはりコアコンテンツである。

すでに述べた営業管理から営業支援へ、結果管理から原因支援へ転換するにはこの営業帳票の利用が前提となる。

面談有効度は成果への手応えそのものである。予実のかい離が大きい部下には上司が日次報告や同行営業で関与してKPIを引き上げることで目標数字に見合う営業行動に改める。

なお、進行中の主要案件についてはKPIを算出することで社員ごとに、そして部門・拠点ごとに先々の収益形成や予算達成などのKGIを見通せる。上司も部下も、社長も社員も安心である。月末や年度末に出た結果が目標に届かなくて青ざめる事態もなくなる。

KPIは導入するのが先決であり、あまり神経質にならない。実際に用いるなかでKGIとの「相関性」が高まるように要素と係数の修正を施していく。それを重ねるほど、売上予測の狂いを減らせる。

帳票については本社の営業支援スタッフはもとより、現場の営業管理者や営業担当者の感想や意見を聴取しながら使い勝手と完成度を磨いていく。どんなに綿密につくり込んだつもりでも細かな支障や欠陥が出てくることがある。

実は、かねてより「効果測定」の重要性が説かれてきたが、理論先行になっていて数字づくりの実効性をどれくらい正確に把握できるかが曖昧である。ＫＰＩはセールスイネーブルメントの取り組みで不可欠となる効果測定を担保しうる。

ＫＰＩの分析を通じ、収益伸長の黄金比を構成する4要素に即した個々の打ち手を検証できる。さらに、セールスイネーブルメントのスキームを検証でき、より高次元の「全体最適化」を果たせる。「営業強化・営業変革」を迅速かつ確実に促せることになる。

d　ＡＩ上司による部下全員・商談全件アドバイス

◎トップセールスがつきっきりのイメージ

営業規範データはプログラミングを通じてＡＩアプリケーションになる。「顧客接触指南ツール」の役割を果たし、当社ではＡＩ上司「サルトル（Ｓａｌｔｒ）」と呼ぶ。「Ｓａｌｅｓ

—Training Robot」に由来する。

AI上司は実地OJTで行動変容をもたらす。上司に取って代わって同行営業や同席営業でアドバイスを与える。開発のアプローチは2つである。

第1に、専門家が望ましい成果創出の法則性を定義して営業活動を解析する「エキスパートシステム」である。データとの照合によりプロセスに沿った採点・助言を行える。表情解析や言葉解析を絡め、社員がつかみにくい顧客の有望度や成約の可能性も科学的に見極める。

AI上司はフィールドセールスで利用するタブレットやスマートフォンに実装する。インサイドセールスで利用するパソコンのオンライン商談システムに実装する。また、スマートフォンや固定電話による電話商談でも利用する。

これにより、「社員全員・商談全件リアルタイムフィードバック」が可能になる。したがって、商談手法・営業話法の日常的な改善が図られる。トップセールス並みのAI上司が一人ひとりにつきっきりになるというイメージである。案件の進捗と着地をナビゲートし、営業成績を劇的に高める。

部下のスキルアップと上司の負担軽減が両立する。成績不振者の短期底上げ、さらに新卒・中途採用者、配置転換者などの営業未経験者の早期戦力化が実現する。

第2に、顧客接点で刻々と生じるセールストークなどの膨大な「商談ナマデータ」をAIで

◆ＡＩ上司開発の２つのアプローチ

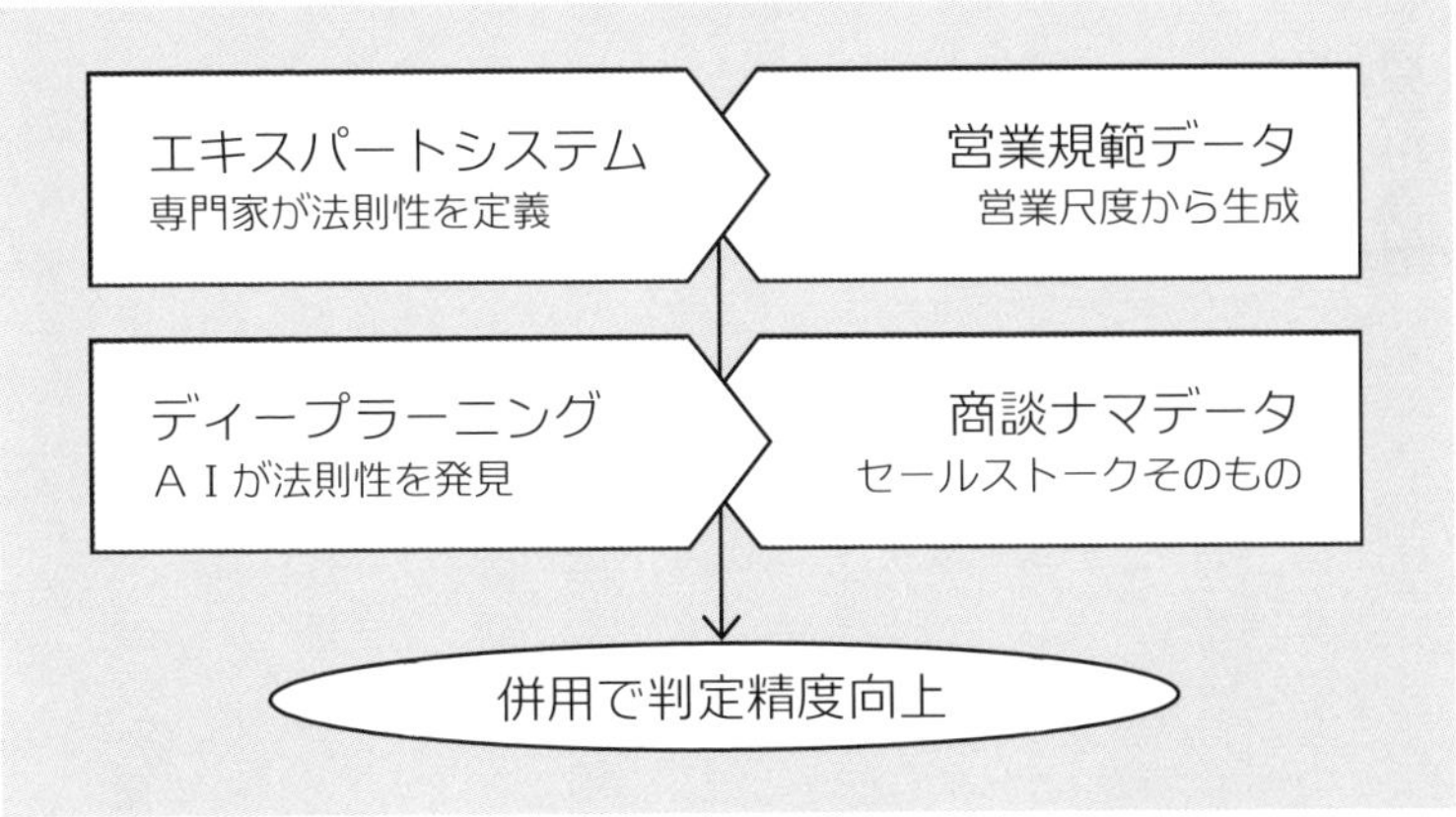

処理する「ディープラーニング」である。「商談手法・営業話法」と「商談結果・営業成績」を関連づけ、成果創出の固有の法則性を発見してくれる。また、一握りの成績優良者に属人化しやすい良質な営業ノウハウの抽出と共有も図れる。

しかも、営業規範データによるエキスパートシステムと商談ナマデータによるディープラーニングを併用することで「判定精度」がどんどん高まる。

それゆえ、自社ならではの営業版の「ＴＯＥＩＣ」に発展させられる。弊害が目立つ結果評価による人事考課・報奨制度を排し、顧客第一に則った行動評価による人事考課・表彰制度を築ける。おのずと企業文化や組織風土の再生が促される。

なお、現場の抵抗や反発を受けずに「営業変革」を成し遂げられることもＡＩ上司の際立った利点といえる。

◎商談前・商談中・商談後における機能

ＡＩ上司が発揮しうる機能について、商談の開始前・進行中・終了後に分けて説明を行う。ただし、原則的に進行中の機能は顧客を目の前にして使うことが難しく、インサイドセールスに限られる。おもにオンライン商談である。

例えば、ＡＩ上司は商談直前にヒントやポイント、商談途中にカンペ、商談直後にスコアやコメントを示す。こうした機能は利用企業にとっての必要度や重要度に応じて決めるので列挙しきれないほど多岐にわたる。

❶商談前機能

▽ガイドライン：今回面談の指針や進め方、ポイントなどを表示する。選択した営業ステップに必須の行動を教える。前回面談での問題や成約への阻害要因も知らせてくれる。

▽直前対策：今回面談で想定される困難や問題などへの対応策をＦＡＱとして表示する。例えば、利益確保に直結する値引き要求への切り返しを行える。

▽情報収集項目：今回面談で行うヒアリング・ウォッチングの項目を表示するとともに情報収集のコツを提示する。ヒアリングの項目はいわゆる「質問話法」にも噛み砕いている。

❷商談中機能

▽カンペ‥相手の反応に即して商談の進捗や成立を促すツボを表示する。助言や指摘の内容はタイムリーに変化する。

▽感情変化‥気づきにくい面談相手の感情変化の推移と振幅を棒グラフなどで教える。プラス・マイナスの著しい変化をもたらしたトークも突き止める。

▽視線特定‥面談相手が注視する資料の個所と度合をヒートマップで見せる。関心のありかが浮かびあがる。

❸商談中・後機能

▽営業姿勢評価‥成績の土台がおおよそ決まる面談での基本姿勢を判定して表示する。共感と信頼が得られる「顧客第一」に改まるので数字がよくなる。

▽商談サマリー‥面談の要約を自動的に作成する。やり取りや取り決めが記録されるので相手と共有も図れる。営業日報での記載が不要になる。

▽面談構成‥面談の内訳、すなわち発話の時間と内容の比重を表示する。顧客感情の変化や営業姿勢の変化と組み合わせることで面談そのものへの顧客満足が高まる。

▽コンプライアンス‥顧客に不適切な営業話法、不利益な契約などを検出して会社へ通報する。コンプライアンスに抵触する営業活動を抑止・防止する。

❹商談後機能

▽有望度判定：面談での反応ややり取りから見込客としての有望度のほか、既存顧客についても成約の可能性を判定して表示する。無駄足や空振りが少なくなる。

▽トーク判定：セールストークの良し悪しを判定して表示する。対人能力やコミュニケーションスキルの向上をもたらし、リレーションの形成を円滑にする。

▽総括コメント：面談ごとに良い点・悪い点・改善点などのコメントを表示する。自らその都度、客観的に振り返れる。次回面談前にも再表示する。

▽スコアリング：面談を点数化し、本人の成長を表示するほか、同僚や成績優良者と比較する。顧客第一に基づく採点ゆえに最良の営業組織に変えられる。人事考課にも生かせる。

▽営業力評価：営業活動に不可欠な能力を評価してレーダーチャートで表示する。例えば、氷解力・質問力・理解力・提案力・折衝力・成約力などを高められる。

以上。社員がとくにありがたがるのが商談前のアドバイスである。不安や弱点を取り除いたうえで面談に臨めるので心強い。これはＩＴにできることも含まれている。

ＡＩにしかできないのが商談中や商談後のアドバイスである。至れり尽くせり、どのような状況や成り行きにも柔軟に対応しうる。

行動変容に肝心なのは、できるようになるまでしつこくすり込むことである。

しかし、上司は体が一つであり、時間が限られており、すべての部下のすべての商談に立ち会えない。力を入れたとしても的確な指導を行えない。数字がよくなるとの手応えを得られないと互いに嫌気が差し、長続きしない。

自社に実地ＯＪＴが行き渡ればかならず勝ち組になれる。望ましい営業習慣になるまで部下を追跡するにはＡＩ上司が必須となる。

ｅ　ＩＴ上司による案件育成・開発営業活発化

◎目標達成へ向けた営業行動の軌道修正

営業指標データはプログラミングを通じてＩＴシステムになる。「案件育成援護ツール」の役割を果たし、当社ではＩＴ上司「ニーチェ（Ｎｅｅｃｈｅ）」と呼ぶ。「Ｎｅｅｄｓ　Ｃｈｅｃｋ　Ｒｏｂｏｔ」に由来する。

ＩＴ上司は職場ＯＪＴで管理転換をもたらす。上司が行う営業会議や日次報告でアドバイスを与えやすいようにする。

統括者や管理者はＩＴ上司を用い、一人ひとりの行動評価や売上予測を行い、目標達成へ向けて軌道修正を図る。

営業帳票だとパソコンを用いるにしろ、面倒臭い手計算による処理が欠かせない。とりわけ営業会議の準備が大変である。期限ぎりぎりに上がってくる帳票を本社や現場のスタッフが手間をかけて資料に取りまとめなければならない。

が、そうした煩雑な作業を自動化しないかぎり利用が浸透しない。したがって、営業指標データに込められた収益形成を後押しする作用も生かされない。

◎目標未達の言い逃れが不可能

さらに述べるなら、これらの数値データは「グラフ」などでビジュアル化しないかぎり原因となる行動と結果となる数字の相関を示せない。

ＩＴ上司では個人成績や組織業績の良し悪しの「因果関係」が一目瞭然になる。成績不振の担当者、業績不振の管理者はなぜ数字が振るわないかが分かり、腰を抜かすほど驚く。実は、成績良好の担当者、業績好調の管理者とやっていることが「真逆」なのだ。

営業系の職場や会社においては「行動の事実」をさらけ出すことが重要である。これにより目標未達の言い逃れができなくなる。社員ごとに、部門・拠点ごとに数字を伸ばせる行動に即座に改めるほかにない。すなわち、開発営業へ舵を切る。

すでに大半の企業で出来合いのＳＦＡ・ＣＲＭが導入されている。しかし、部下は訪問件数を増やすように命じられており、入力する手間が惜しい。かたや、上司はプレイヤーとして奔走しており、コメントする手間がつらい。上司が助言を行わないどころか内容を読まない状態が続く。双方とも成果向上につながるという実感が湧かない。

現場は本社が管理を強めると受け止め、被害者意識を持つ。そうなると、むしろモチベーションが下がる。一人ひとりの月額料金は小さくても社員が多いと総額は膨らむ。これが捨て金同然になる。

ＩＴ上司はＳＦＡ・ＣＲＭと紐づけられる。これまでどおりに日々の営業活動を記録するだけで当人はもとより、職場や会社として案件創出・育成・着地の状況をつぶさにつかめる。先々の販売・受注が見えてくるので、社長・上司も社員・部下も不安やいらいらが収まる。ならば、ＳＦＡ・ＣＲＭは進んで使われる。

f　セールステック＆エドテックで変わる営業強化

◈「営業ニューノーマル」の構築へ

２０２０年に「新型コロナウイルス」の感染拡大が発生し、多くの企業が売り上げの急降下に見舞われた。経営に潜む危険、経営が抱える課題に対する関心が高まり、リスクマネジメントとソリューションの重要性が認識された。

営業の仕事では顧客が接触型のリアル商談を嫌うようになり、非接触型のウェブ商談を始めざるをえなくなった。フィールドセールスとインサイドセールスを並行させることになる。出社自粛の企業では後者の内勤営業でテレワークによる「在宅営業」が当たり前になった。

営業の基本とされてきた足を運ぶこと、顔を合わせることが思い込みにすぎなかったことに気づいた。これまでの固定観念や成功体験に捉われるわけにいかない。

パンデミックが収まったとしても元の商取引やビジネスモデルにそのまま戻ることは考えにくい。販売活動や受注活動を至急変えないと顧客増加・売上増加を果たせない。

なかでもインサイドセールスでは商談手法と営業話法、営業ツールの良し悪しが成績を決定づける。むろん、フィールドセールスに劣らない新規開拓の成果も期待される。

企業は環境激変期を乗り越え、成長を続けなければならない。そして、その決め手となるのが「セールステック&エドテック」の導入である。DXを営業活動に適用するのが「ＳａｌｅｓＴｅｃｈ」、教育指導に適用するのが「ＥｄＴｅｃｈ」である。

以前から多くの企業でセールステックが導入されてきた。営業活動で用いるタブレットやオンライン商談システム、営業管理で用いるＳＦＡ・ＣＲＭなどのＩＴツールである。

しかし、例えば、有力企業に大型案件を持ち込むといった営業活動の質的向上に踏み込めない。収益の積み増しが必須となる環境下で放置できない弱点を補うのがIT上司である。そこに、AI上司が集合研修や現場訓練を担うエドテックを付加することで営業活動の絶えざるブラッシュアップを図れる。創出成果を異次元へ押し上げる。

「営業ニューノーマル」の構築を模索する動きが加速している。その答をいち早く見出した企業がライバルを圧倒し、それぞれの業界や市場で「勝者」となる。セールステックとエドテックを融合させたインフラが本格的に取り入れられるのはこれからである。

◎判定の生命線は経験に裏打ちされた営業データ

セールステック&エドテックは「先端技術×営業知見」の掛け算で実用に役立てられる。具体的に述べれば、「AI×営業規範データ」「IT×営業指標データ」である。

大雑把な言い方になるが、解析の技術が判定の知見を欲し、判定の知見が解析の技術を求める。相互に影響し合っているが、数字づくりという目的に照らせば「生命線」は解析に用いるテクノロジーでなく判定に用いるデータであると断言しうる。

私は四半世紀を超えてそれに資するコンテンツの確立・蓄積に励んできた。そのすべてが営業活動の実体験に裏打ちされている。そして、作成したコンテンツから生成されるデータの出来により解析を経た判定の精度が極端に左右される。

開発業務はたいていエンジニアの主導で進められる。技術者の習性として先端技術で何を行えるかでなく、何をつくるかという発想が優先されやすい。手段であるＡＩやＩＴに目を奪われてしまう。技術革新が日進月歩のＡＩではその傾向がきわめて強い。

判定のデータを生かすために解析のテクノロジーを用いるという発想を重視すべきだ。

実際には、データの生成も営業と無縁のスタッフが手がけることが多い。これは大問題である。現場の苦悩と社員の苦労が分からないので頭のなかで営業をこねくり回すしかない。

私自身を振り返れば十代に飛び込みに挑み、二十代からテレアポに挑んだ。後者では企業規模の順番に架電を行った。それゆえ、クライアントは４０歳以前のプランナーでは著名企業、４０歳以降のコンサルタントでは業界・市場の最大手企業が中心だった。あくまで実感であるが、「命懸け」で打ち込んできた。

新規開拓に代表される開発営業の「地獄」を味わったことのないスタッフが机上で生成するデータをプログラミングして開発したＡＩアプリケーションやＩＴシステムが教育指導による営業強化、ましてや収益伸長で有効性を発揮するとは考えにくい。

満足しうる販売・受注増加、顧客増加は叶えられない。

◆現場の混乱を抑える段階的導入

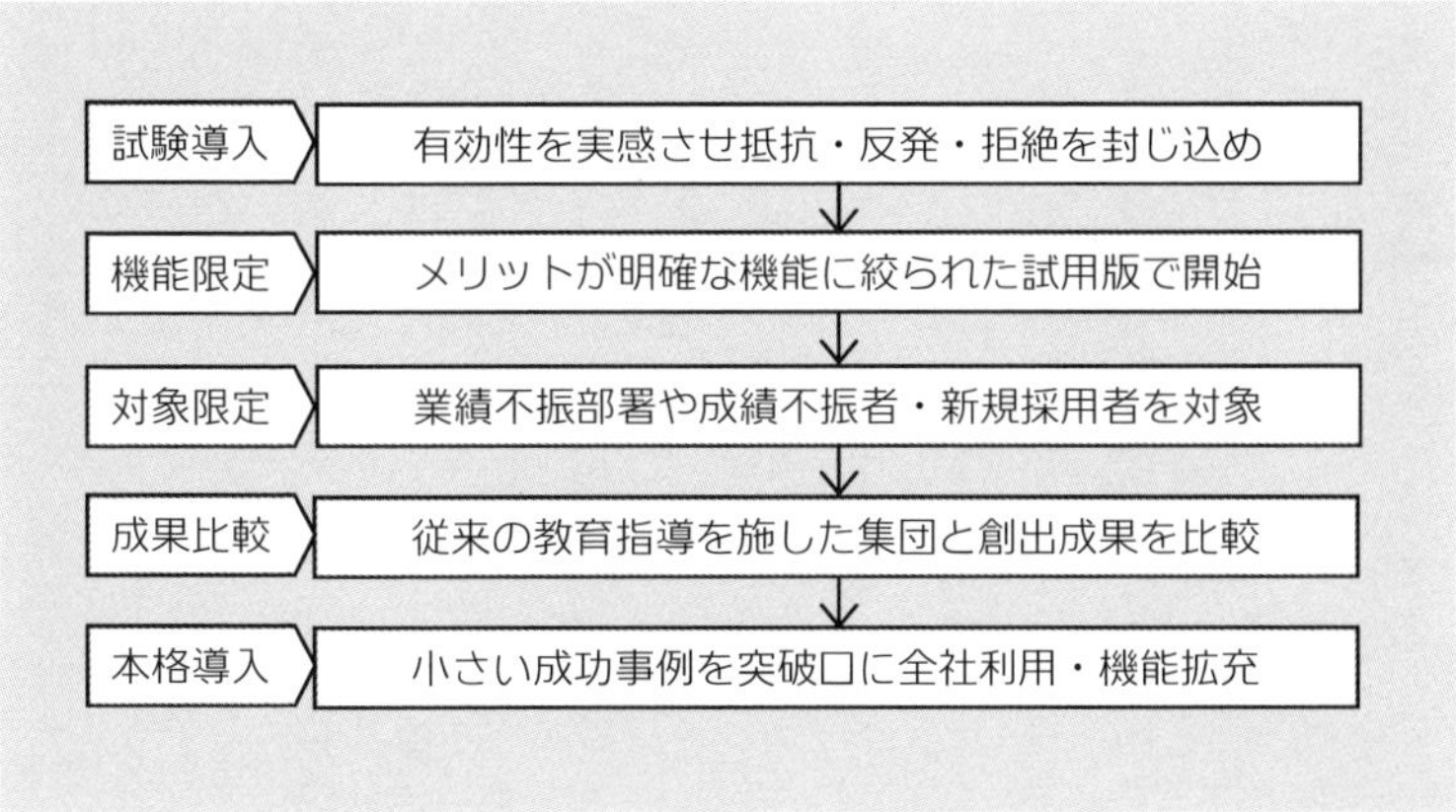
試験導入
有効性を実感させ抵抗・反発・拒絶を封じ込め
機能限定
メリットが明確な機能に絞られた試用版で開始
対象限定
業績不振部署や成績不振者・新規採用者を対象
成果比較
従来の教育指導を施した集団と創出成果を比較
本格導入
小さい成功事例を突破口に全社利用・機能拡充

◎ＡＩ上司・ＩＴ上司導入における留意点

ＡＩ上司とＩＴ上司の導入における留意点を述べよう。

企業規模が大きいほど正規の社内手続きを経るのがおおごとになる。すべての関係者のコンセンサスを固めたうえで「プロジェクト」として推し進める。実務を受け持つ営業支援部門のリーダーの牽引が欠かせない。営業統括役員の力添えに加え、社長の旗振りが全社的な「ムーブメント」へ高めるための条件になることはいうまでもない。

セールスイネーブルメントの実行により業務内容や必要人員、ときに部門構成の変更が余儀なくされる。現場の混乱を最小限に抑えるように段階的に進めるなどの配慮を忘れない。

体で仕事を覚えた営業は他部門よりやり方を変えることを嫌う。セールステック＆エドテックの有効性を説得するより実感させて抵抗や反発、拒絶を封じ込めるのが手っ取り早い。

概して、試験的に導入するという見え方にしたほうが無難である。機能はメリットが分かりやすいものに絞って始めるといい。

対象は一部に留める。例えば、業績不振に陥っている部門・拠点とする。事業ということもある。結果を出せていないという事実がある以上、当事者ははねつけられない。

あるいは、成績不振に苦しんでいる社員とする。新卒・中途採用者ということもある。とくに入社したばかりの社員は教育指導の一環として自然に受け入れる。この会社は人材育成が充実していると歓迎してくれる。

そして、従来の教育指導を施した集団との創出成果の比較を数値データに基づいて示す。収益伸長がAI上司やIT上司のおかげという噂が耳に入るようになると部下から「自分を助けてほしい」、上司から「自分に代わってほしい」という希望が寄せられる。

ここまでの説明によりAI上司やIT上司は頼もしいというイメージが湧いただろう。一方で、そうした機能を実現できるのかという疑問を感じたかもしれない。

万能のアプリケーションやシステムをすんなり開発できるはずもなく、それなりの歳月を要する。テクノロジーの利用もさることながらデータの準備が容易でないことがおもな理由である。開発の費用もおのずと膨らむ。

したがって、完成度としては不十分なこともある。試用のための「ベータ版」に近いこともある。が、小さい成功事例を突破口とし、波紋を広げるように本格的に導入するのが賢明である。おそらく全社利用になる。現場の意見や要望を取り入れながら機能の手直しを図るとともに拡充を進める。

それでも、管理者が同行営業で的確なアドバイスを与えられない現状と比べればＡＩ上司ははるかに勝る。さらに、管理者が営業会議で数字づくりを促す運営を行えない現状と比べればＩＴ上司ははるかに勝る。

どちらも利用につれて判定精度が高まり、創出成果が上がっていく。

◎収録事例に関する注意点

本書に収録した「事例」に関する注意点について述べたい。

当社の受託実績、なかでも私の業務履歴を土台としている。「汎用性」の高い事例に限定している。

概して、企業規模が大きくなるほど厳しい「秘密保持契約」を交わしており、重い守秘義務を負っている。事例の末尾に「企業規模／事業形態◇業界・市場」を記しているが、企業規模はまま落としており、とりわけ特定されやすい巨大企業は大手企業に含めている。業界・市場はざっくりと括っている。

また、社名を伏せるのは当然とし、それなりの編集加工を施している。「事実と虚構」の比率は事実大半が6割、事実過半が2割、虚構過半が2割である。事実大半といっても、業界や市場が近い企業の事例、課題や解決策が近い企業の事例を一緒にするなどした。

したがって、事例をベースとした「フィクション」であり、どこかの会社のことでない。しかし、あながち「つくり話」、ましてや「でたらめ」でない。さらに、事実を損なわない範囲で特徴を際立たせたり脚色を加えたりした。

執筆に当たって業界や市場、企業規模や事業形態の設定を変えるだけでも内容が不自然になり、企業を複合すると話の辻褄が合わなくなった。事例に「リアリティ」を持たせるのが大変であり、予想より手間取った。

なお、「事典」のような利用も想定した。目次で気になる事例を拾い読みしても内容が完結しており、意味を理解できる。事例同士で説明が重複しているのもそのためである。ご容赦願いたい。

成果創出の「これまで」と「これから」

アナログ&デジタル事例に即した営業強化のヒント

1 固定観念をリセットし、新たなビジネスモデルを探求
どぶ板営業からデジタル営業へのシフトでぶっちぎり

❖背景・状況

「体育会系」が多く売上低下を労働時間でカバー

同社は全国の主要都市に支店や営業所を置く素材・部材の販社である。好況期に次々と拠点を開設し、泥臭い営業活動で幅広い商材を精力的に売りさばいた。

しかし、創業オーナー社長の代替わり、市場の縮小や競争の激化を経て、業績がじりじりと悪化した。本社主導で高い予算目標を営業拠点に割り振ってきたが、「目標未達」が目立ちはじめていた。

当時は生産年齢人口の減少を背景に労働市場が売り手優位になり、人件費だけでなく求人・採用コストも上昇していた。応募者がわずかな「営業職」は人手不足がひどく、入社後の教育に時間を割けない。社員の質が落ち、営業のレベルアップが急務になっていた。

▽営業生産性向上
ビジネスモデル探求
営業デジタル化
▽営業戦略策定
再生シナリオ描写
主力銀行バックアップ
▽タスクフォース運営
リーダー補佐
働き方改革
▽ウェブ研修
営業レベルアップ
残業時間削減
▽フィールドセールス縮小
精鋭限定
開発営業特化
▽インサイドセールス導入
通常営業代替
営業コスト削減
商談件数増加
▽オンライン商談教育
専用マニュアル作成
営業資料作成
ロールプレイ
▽環境整備
営業プロセス設計

また、拠点長などの幹部に格闘技を含む体育会系が少なくなく、社員が売り上げの低下を労働時間でカバーしてきた。

それとて世代間の職業観や就労意識の隔たりが大きくなるにつれ、気合や根性といった檄に「ついていけない」という社員の退職が続出し、残業時間減少も急務になっていた。

こうした要因が複雑に絡まり合い、業績回復の足かせになっていた。同社はもともと優良企業なので崖っぷちに立たされていたわけでなかった。とはいえ、展望が開けない苦境に陥っていたのは事実である。

❖施策・措置

特命プロジェクトとし、社内の抵抗や反発を抑制

後継社長は営業のあり方とやり方を抜本的に見直さないとやっていけないという結論に至った。それは販社としての同社のこれまでのビジネスモデルの否定と、新たなビジネスモデルの

営業帳票作成
営業尺度作成
営業ツール作成
▽営業拠点再配置
営業拠点閉鎖
営業拠点開設
▽営業企画部創設
インフラ拡充
▽事業・商品企画部創設
配置転換社員再生
▽社員採用軌道修正
内勤女性時短社員
▽営業タブレット導入
フィールドセールス支援
コンテンツ追加
▽営業テレワーク検討
主婦在宅勤務

探求を意味する。

そして、最重要課題を「営業生産性向上」と定め、1年間のプロジェクト方式で営業の「働き方改革」を推し進めることにした。ちなみに、同社では「タスクフォース」と呼んだ。

営業部長がリーダー、営業推進部のスタッフ3名と営業部の管理者・優績者各1名がメンバーとなった。合計6名であり、リーダー補佐として当社が加わる。

当社がタスクフォースの各回の準備はもとより各回の内容の取りまとめなど、すべての「資料化」を受け持った。また、以下に述べる決定事項の具体化も担った。

伝統的に「どぶ板営業」一筋の同社にそうした実務を行える人材がまったく育っていなかった。彼らに任せると時間がかか

るうえに品質が悪くなってしまう。

社長はタスクフォースをスタートさせる前に仮説を持っており、それは「営業デジタル化」だった。当社は事前の話し合いで了承していた。あえて「特命プロジェクト」とすることで社内の抵抗や反発を抑える狙いもあった。不退転の決意で推進するとしても、それが少ないほど

スムーズになる。

なぜなら、競合他社に先駆け、同社と当該市場の固定観念をリセットして臨むことになる。メスが直接入る営業については、勤務場所変更などの「人事異動」はもとより業務内容変更などの「配置転換」がともなう。大都市を除いて地元採用が多く、拠点長がまれに代わるか入れ替わるくらいだったので、社員は職場や仕事が変わることを嫌った。

さらに、営業に関わるさまざまな部門の業務に影響が及ぶ。それに不安や負担を感じ、拒絶反応を示す社員も出てくると予想した。

同社は総じて仕事がマンネリ化していた。社員は職能が養われていると言い難かった。皆がばたばたと同じことを繰り返しており、活気よりも疲弊のほうが伝わってくる。また、忙しい振りをするのもうまい。業績低迷企業はたいていそうである。

ウェブ研修でレベルアップ、残業削減の意識改革

合わせて営業のレベルアップを果たすために「営業教育」を行うことで合意に達した。「収益伸長の黄金比」の上半分を占める「人材育成」の左上に位置する。ＯｆｆＪＴである。

同社は社員が少なくなく、なおかつ散らばっている。講師からフェイス・ツー・フェイスで

学ぶ「集合研修」では交通費や宿泊費などの諸経費がかさむだけでなく、会社としての営業活動に支障が出る。

社長はリアル研修のよさを認めながらも「ウェブ研修」を取り入れることにした。会場や機材の準備、教材の配付などの手間がいらない。そのときどきの経営課題に応じ、柔軟にカリキュラムを選べる。

そこで、働き方改革の時流のなかで若手社員の不満が強く、管理者の苦悩と困惑が大きかった「残業時間削減」に着手した。つい最近まで遅く帰る人ほど威張っていた。本人はもとより職場の責任者や直属の上司の意識改革が先決となり、これはウェブ研修で済ませた。

また、行動改革は「人事考課」の見直しと絡めた。評価のあり方が変わらないかぎり営業の働き方は変わらない。営業変革の必要性を感じながらも成し遂げられない企業はここに踏み込んでいない。

一言でいえば、初めて営業活動の「質的側面」に光を当てた。それまでは量的側面に目を奪われていた。さらに、上司も部下も数字という結果でなく、それをもたらす行動という原因に関心を寄せるように制度を改めた。「行動評価」が柱になる。

これらは営業生産性向上を促すうえでの前提条件である。社員の「モチベーションアップ」につながる。

足を運ばないと売り上げが落ちるかが討議の焦点

そして、いよいよタスクフォースの本丸となる「営業活動」そのものの効率化に突入することになった。最初に「フィールドセールス」と「インサイドセールス」の切り分けを行った。前者は「外勤営業」であり、後者は「内勤営業」である。

同社は一定規模に達した頃から、創業初期のメンバーが大切にしていた「貪欲さ」が薄れていった。社員が担当テリトリーの既存顧客に「顔出し⇩御用聞き⇩見積対応」を繰り返すようになり、なおかつだれもそれに疑問を感じない。

すでに電話での注文や引き合いには女性アシスタントが応じていた。圧倒的にコストがかかっていたのは外回りであり、人件費に加えて交通費などの諸経費の負担が重かった。正社員が自らの存在意義を考えていないし、原価意識を持っていない。

プロジェクトでそうした指摘が出たことは前進といえた。そして、討議の焦点は「足を運ばないと売り上げが落ちるか」に絞られた。販売・受注が減る、顧客が離れるといった現場の懸念や危惧を振り払うようにし、切り分けの方針を固めた。

いたずらに議論を重ねてもらちが明かず、当社と社長が押しきったかたちである。有無を言わざわざ決断を下した。生き残りをかけた経営上の意思決定では「腕力」が大事になる。だれが場を仕切るかにもよるが、危機を乗り切るうえで民主的な進め方は馴染まない。

フィールドセールスは優績者限定、開発営業特化

当社が誘導した結果、タスクフォースの総意としてフィールドセールスを縮小し、原則として営業成績が平均以上の社員が担当することにした。

また、将来的な方向性として成績優良者などの精鋭に限定し、しかも「開発営業」に特化する。この開発営業は数字の「上積み」に当たり、新規顧客の開拓だけでなく、おもに大口の既存顧客の深耕や拡大、さらに離脱顧客の奪還が含まれる。

合わせてインサイドセールスを導入し、それに該当しない社員が担当することにした。数字の「土台」に当たる通常営業、すなわちこれまでの「習慣性の客回り」に取って代わる。

また、将来的な方向性として女性社員も活用する。同社は典型的な「男の職場」だったが、男性の採用を抑え気味にする。自然減も見込める。概して、女性の比率が高まるにつれ、重く暗い組織風土が軽く明るく変わる。資質も意欲も男性に負けない。

このインサイドセールスでは「オンライン商談システム」を利用するために最低限の教育が

◆外勤営業と内勤営業の切り分けと効果

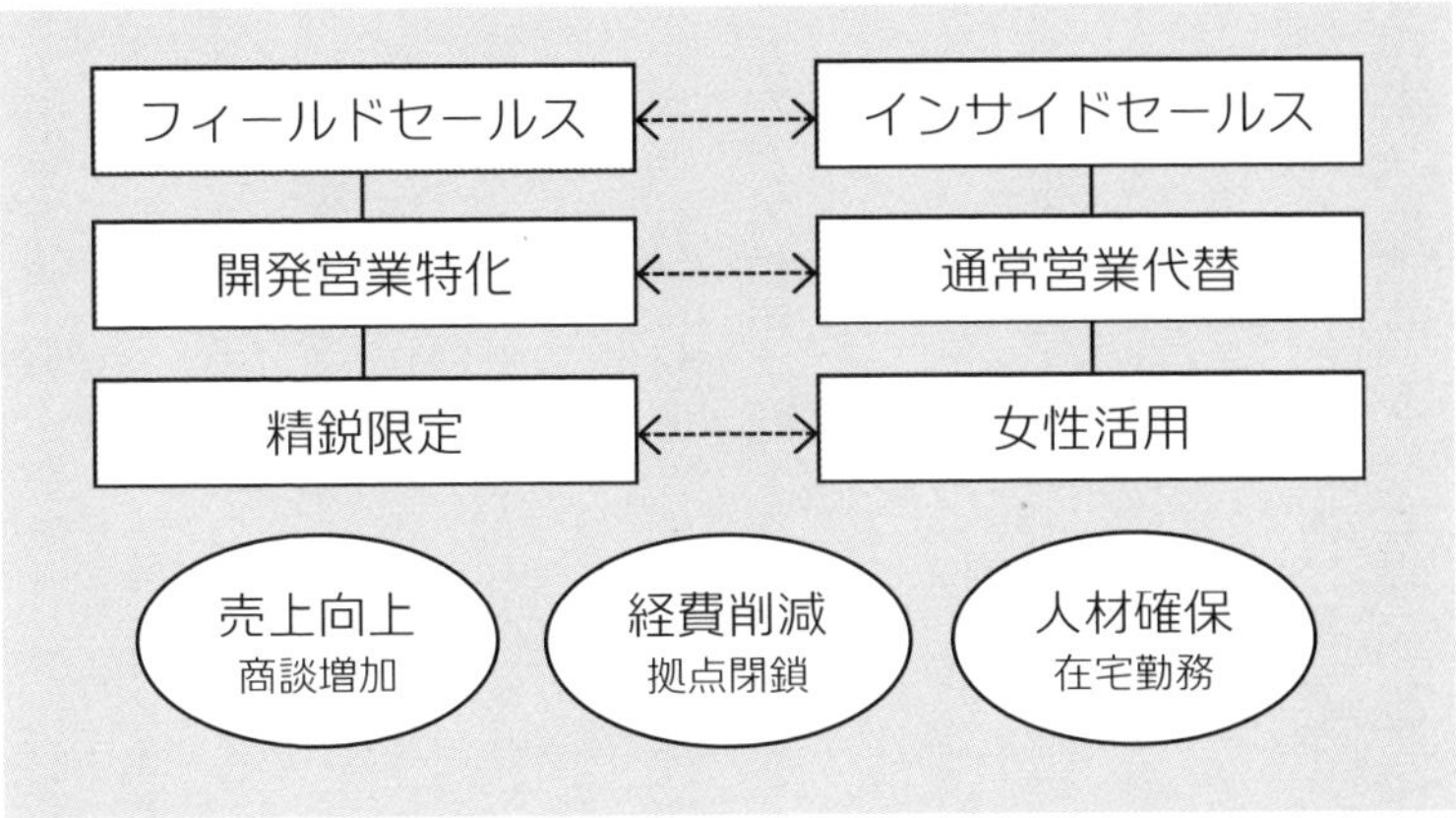

不可欠だった。当社が「スピード重視」で簡素な専用マニュアルと営業資料を作成した。

さらに、それを用いてロールプレイを実施した。自社と顧客という役割分担に基づく模擬商談である。社員は戸惑いながら練習を行ったが、この様子を見た時点で「営業コスト削減」と「商談件数増加」を両立させられそうという感触が得られた。

なお、マニュアルと資料はその後の職場での利用を踏まえてブラッシュアップを重ね、満足すべき出来栄えに達した。

営業インフラを整備、顧客がウェブ商談を大歓迎

同社は収益伸長の黄金比の下半分を占める「環境整備」が手つかずの状態だった。そこで、当社が左下に位置する「営業道具」と右下に位置する「営業情報」

のなかの「営業帳票」を作成した。どちらも大げさにしなかった。

ツールは数点のベーシックアイテムを揃えた。

後継社長は都市銀行系のシンクタンクに在籍した経験を持ち、同社の営業に科学的な視点、合理的な思考を持ち込んだ。ツールと帳票が開発営業による案件育成に取り組むフィールドセールスにじわじわと効いていった。

営業の切り分けにともなう混乱は短期間で収まって業務が回りはじめ、売り上げも利益も伸びた。何より顧客がオンライン商談の利便性を受け入れた。「ウェブ商談」を歓迎する声も上がった。当初の心配は取り越し苦労で終わった。

同社は営業効率が高まり、社員の確保に四苦八苦していた事態が解消された。

また、その能力と意欲を持ちながら開発営業を行えず、習慣性の客回りに忙殺されていた社員に数字の上積みを目指す時間的な余裕が生まれた。

社長も営業部長も確信があったわけでない。しかし、「テストケース」などという逃げ道をつくらなかったことが勝因だった。論理的に正しいことは成果が上がるわけで、やり抜けるかどうかの問題である。

同社はやや遅れて数か所の営業拠点を閉鎖した。また、進出を目論んでいたエリアに2か所の営業拠点を開設した。全体で眺めれば営業拠点の再配置を行ったことになる。

一時的に若干の動揺は生じたが、フィールドセールスに従事していた社員が「余剰人員」になるという不都合な状況は起こらなかった。そもそも内勤営業としての仕事がある。一部は社長が創設した「営業企画部」に配属され、当社が急場しのぎで作成したツールや帳票などのインフラの拡充に努めた。同社は販社にもかかわらず「売る仕組み」が欠けており、やらなければならないことが山ほどあった。

ほどなく社内に変化の兆しが表れ、よどんだ空気がかき混ざりはじめた。これまで押さえつけられていた若手社員や女性社員が思っていることを徐々に言えるようにもなった。

あすの「勝ち残り」への壮大なチャレンジとなる

変革を率いる社長は販社に甘んじておらず、利益率の高い「メーカー」を志向していた。事業意欲がきわめて旺盛だった。合理性とロマンを合わせ持つ。

営業社員は理系出身者が少ないので開発の実務に携わるのは難しい。しかし、顧客とじかに接してきた彼らに「マーケットイン」の発想を生かしてほしいと、「事業・商品企画部」を創設した。先に述べた営業企画部を含め、配置転換社員の再生に威力を発揮したのがウェブ研修だった。

この辺りから同社には社員が歓喜し、職場が沸騰する雰囲気が漂うようになった。一人ひとりの意識が高まり、仕事に燃えていることが当社にも響いてくる。

また、営業を切り分けたことで、社員採用についても軌道修正を図った。業務特性が異なる内勤営業の従事者は外勤営業の従事者より確保しやすく、資質の高い人材を選べる。主婦を含む「女性時短社員」の活用を視野に収めた。

この取り組みは当座の業績回復というより、あすの「勝ち残り」へ向けた壮大なチャレンジとなった。当社は社長の意向を踏まえて真っ先に営業戦略を策定しており、タスクフォースの結論を先取りする内容だった。

販社の同社にとって経営戦略という位置づけに近い。ここで示した打ち手について主力銀行の理解とバックアップを得られたことが力強い実行の背景である。

結果として「聖域なき全社改革」になったが、融資額を使いきらずに成し遂げられた。営業の数字がみるみる変わっていった。

同社は切羽詰まった状況でなかった。が、大胆な業績テコ入れでは経営戦略や営業戦略の策定など、骨太の「再生シナリオ」の描写が出発点となる。それを社長が自らの肉声で役員・社員に伝えたことが全員を勇気づけたと思う。

❖経過・結果

営業タブレットの持ち歩きで未経験者が即戦力へ

同社がインサイドセールスを導入するに当たり、当社は営業コンテンツの標準化を進めた。その蓄積の延長線上で「営業タブレット」を導入するのにためらいはなかった。ただし、フィールドセールスに特有のコンテンツを追加した。

同社は取り扱う素材・部材が広範囲・多品種に及ぶ。しかも、価格が市況により変動するものがかなり含まれる。もともと営業活動を各人の能力に頼ったり紙ベースで行ったりすることに限界があった。

社員はタブレットを持ち歩くことで商品知識や技術情報、価格情報の習得の負担が軽くなった。どうかすると新卒・中途採用者に研修がほとんどいらない。外勤営業に最低限必要なことは端末に収まっているので未経験者がたやすく即戦力になる。

この事実は幹部を目覚めさせただけでなくベテランを奮い立たせた。あまり予想しなかった副次効果である。

また、当社は営業帳票を作成するのに先立って「営業プロセス」を設計していた。数字の積み増しに直結する開発営業におけるアプローチからクロージングまでの行動指針である。

実は、このプロセスを営業帳票に落とし込んでいた。それにより日次報告や営業会議で行動評価の材料として用いることができる。部下それぞれが数字に結びつく動きに徹しているかどうかが隠しようもなくさらけ出される。逆に言えば、そうした帳票がなくては行動評価に改められず、的確な助言や指摘も与えられない。

さらに、このプロセスをブラッシュアップして「営業尺度」を作成した。これは「営業チェックリスト」としてタブレットに搭載した。社員が重要な面談の前に該当ステップのガイドラインなどを参照した。そのなかでも重宝したのが値引き要求への対応策だったようだ。また、面談の後に働きかけややり取りを振り返って改善につなげた。

さらに、社員が顧客接点で前から順番に読むだけでサマになる営業ツールも搭載した。むろん、相手に見せて構わないつくりになっている。それ以前に、出力の手間も費用もいらない。営業タブレットがフィールドセールス、とりわけ大型案件や新規開拓に邁進する社員の背中を力強く押した。当事者から直接、当社にメールで成功事例が寄せられた。

セールステックによるセールスイノベーションへ

当社が関わったクライアントではあまり記憶にないが、後継社長は「理詰めの剛腕」という印象だった。一人の人間のなかに精密な思考と堅固な意思が溶け合っている。相反するとは言わないが、わりと対照的な要素が同居しているタイプだった。

社長が説得しようとせず命令したことが目覚ましい成果を短期間で上げられた最大の要因である。むろん「全権」を握るオーナーなのでやりやすいという側面はあっただろう。

社長は数年後にインサイドセールスを「テレワーク」に切り替えることを検討している。いわゆる「在宅勤務」での営業活動である。その際には大手企業などで勤務経験のある専業主婦を積極的に活用するつもりである。人材が埋もれる宝庫といえる。

ゆくゆくは「アウトソーシング」に切り替えることも検討している。

同社の取り組みは最初から「セールステック」の活用によりセールスイノベーションを成し遂げることだった。社長が2020年代の市場環境のさらなる悪化を見据えていた。

実務レベルでリーダーを務めた営業部長はタスクフォースにめどがついたところで「営業統括常務取締役」に就任した。化石みたいなビジネスモデルを壊し、同社の未来に希望を取り戻したのだから相応の昇進といえる。

社長などとの会食の機会ではこちらも刺激を受けられ、とにかく楽しかった。わくわく、ざわざわしているうちに「ぶっちぎり状態」になった。

日本でも営業は大胆に稼げるエリート職に変わる

私が長年にわたって残念に感じてきたのは営業職の「賃金の安さ」である。なかでも営業社員で成り立つ販社や問屋はそうした傾向が強い。

収入が唯一の働き甲斐などとはさらさら思っていないが、社員の立場からすればそれが多くて困るということもない。

私は売れない時代でもっとも難しいのは「売る仕事」だと考えている。しかも、すでに述べたとおり、売ろうとしても売れない。それ以前に、営業の仕事は商品を売ることでなく顧客に役立つことである。そうした仕事を突き詰めるのは並大抵でない。

それなりの成績、ましてや立派な成績を残している社員は営業活動そのもので顧客に大きな満足を与えられるように努力している。

私は業界・市場・地域の最大手企業を含むクライアントに伺い、トップセールスパーソンをたくさん紹介されてきた。

また、かつて足かけ17年にわたって月例でトップセールスパーソンを招き、経験のなかで築きあげた極意に耳を傾けるNPO法人『営業実践大学』を主宰した。

彼らは皆、営業を究めようとして並々ならぬ情熱を注いでおり、そうした姿勢に感動を覚えてきた。

日本の営業は先進国どころか新興国にも待遇面で劣っている。結果を出せる社員にきちんと報いないと、国内外のライバルに勝てる会社になれない。

しかし、私は日本でも遠からず営業は「エリート職」に変わると考えている。選ばれた精鋭がフィールドセールスを担い、成果に応じて報酬を受け取る。大胆に稼げる仕事になる。

ちなみに、営業実践大学のゲストの何人かはプロ野球のスター選手に劣らない年俸を得ていた。ゲストの話を聞いている会員のなかにも数千万円プレイヤーがいた。給料がすべてでないが、営業としての実力の証ということは確かである。

営業の仕事にもっとも必要なのは「夢」でなかろうか。シンボリックな頂点が見えてこないと、社会的な地位も高まっていかない。営業が世間から尊敬を寄せられ、大勢から憧れを抱かれる職種であってほしい。

さまざまな企業で営業強化に携わってきた私は、後日や後年に「給料が上がった」という知らせが届くのが楽しみだった。

つい最近まで営業職の求人広告に「新規顧客の開拓はありません」「既存顧客の訪問を担当します」などの注釈が添えられていた。そうしないと応募者さえ集まらないと、企業が案じた結果である。

ところが、営業が強い会社は新規開拓が活発な会社とほぼ同義であり、向上意欲や成長欲求が強い社員はそうした求人を嫌う。同社も人材の採用を諦めていた時期がある。

いまや、新規開拓では「オンライン商談」と「オフライン商談」、「インサイドセールス」と「フィールドセールス」を組み合わせるようになっている。原則として「前者⇩後者」という流れ・役割分担になる。

概して、ソリューション系のＢｔｏＢ営業、なかでも優良顧客・大口商談の取り込みはウェブ商談で完結させられない。クロージングなど、営業活動の終盤のどこかのタイミングでリアル商談が必須となる。

営業職は社内にこもるのでなく、自由度と解放度の大きい社外に出たがる。しかし、それを許されるのは成果創出にフォーカスした「案件営業」を行えるエリートに限られる。私は狭い意味の営業はせいぜい2割程度に減ると考えている。

２０２０年代は会社も社員も選別される。

（中堅／販社◇部品・素材）

2 営業帳票で行動が丸裸になり競争刺激、即時業績回復 成績不振者・優良者の違いも一目瞭然で劇的自己改革

❖背景・状況

エネルギー自由化による競争激化で業績に暗い影

同社はおもに「家庭用ＬＰＧ」を提供してきた。それに付随する機器などのほか、業務用も含まれる。当時は太陽光発電システムも取り扱いはじめ、「創エネ」などに関わる工事や保守管理サービスも手がけていた。

折しもエネルギーの自由化による競争激化が波及し、業績に暗い影を落としていた。予想されたことだが、他地域の有力な同業者に留まらず、ＬＰＧを扱う都市ガス会社も商圏になだれ込んできた。同社はとくに売り上げの大きい業務用の顧客を奪われていた。

また、当地はほとんどの地方都市がそうであるように、少子高齢化による人口減少と活力低下に苦しんでいた。街中でも空き家が目立ち、若い世帯が少ない。同社は家庭用の販売先その

▽業績テコ入れ
顧客増加・売上増加
▽ソリューション習得
新規開拓・既存深耕並行
▽営業プロセス設計
ステップ&アクション
▽営業帳票作成
「どこ・だれ」確認
▽営業尺度作成
簡易営業マニュアル兼用
営業チェックリスト兼用
▽営業会議刷新
議長代行
結果管理⇩原因支援徹底
開発営業・案件育成促進
▽意識・行動改革
ポスター掲出・通達送付
▽全社改革
人事制度改革
業務効率化・省力化
品質向上
▽人材育成
経営参画
企画能力向上
モチベーションアップ

ものが著しく減っていた。

ただし、かならずしも経営が切羽詰まっていたわけでない。資金繰りには余裕があったはずだ。

❖施策・措置

顧客の利用に寄り添うソリューションの習得必須

社長はもともと危機感が強く、企業規模に照らして「社員教育」にとても熱心だった。私がいくらか知っているプロパンガス会社の叩きあげの経営者と雰囲気が違う。

自身も長期にわたり図書や公開セミナーで経営や営業などを学びつづけていた。当社が行った『営業変革トップセミナー』や『提案営業セミナー』が含まれ、それがきっかけとなって相談が寄せられた。

同社は社長が講師を務めるほか、地元の講師を呼んで営業基礎教育を済ませていた。とはいえ、社長が進めてきた商材の多様化・無形化にともない、顧客の利用に寄り添う「ソリューション」の習得が必須と考えるに至った。

そこで、長期日程を組んで「営業本格教育」を行う決断を下した。目的は顧客増加につながる新規開拓はもとより売上増加につながる既存深耕を活発化させることだった。どちらも並行

▽営業ツール作成
トークスクリプト
おみやげ
汎用提案書

させないと数字をつくれない。

商材が充実したにもかかわらず、社員に「ＬＰＧ屋」という意識が強く残っており、目論見どおりに販売や受注が伸びていなかった。社長は顔に出さなかったが、おそらくそれに苛立っていた。

企業が生き残りをかけて取り扱った隣接商材や周辺商材がなかなか収益に結びつかないという悩みは多くの販社やメーカーが抱えている。営業はたいてい慣れた商品、売りやすい商品にしがみつく。そうした不甲斐ない状況を本研修で打破したかった。

なお、「サービススタッフ」も本研修の対象とした。商品の利用現場に精通し、顧客の不平や不満などを熟知している。当人の意識と意欲次第ではあるが、ちょっとしたソリューションなら営業社員より断然やりやすい。

当社の経験でも営業社員でなくサービススタッフの頑張りで「業績回復」を果たした事例が

かなりある。

「どこ・だれ」の指定が収益伸長を決定づける！

当社が提供した「フォーム」に基づき、社長が社員と話し合い、各人のテリトリーのなかで見込客を含む業務用の「重点顧客」を数社ずつ定めた。本研修を学習に終わらせず、仕事に高めるための手続きである。

当社では、平たく「どこ・だれ」と呼んでおり、「訪問先・面会先」の指定が収益伸長を決定づける。社長や上司がこれを怠ると、社員や部下は行きやすいところに行き、会いやすい人に会って帰ってくる。数字は変わりようがない。

ついては、あらかじめ課題解決への貢献を最重視した「営業プロセス」を設計した。営業ステップと営業アクションから成り立つ。どの段階でどんな行動を取るかという指針を定めた。

このプロセスは精細化することで「収益伸長の黄金比」の下半分を占める「環境整備」の右下に位置する「営業情報」になる。それは「営業帳票」と「営業尺度」のおおもととなるコンテンツに当たる。

当社はこのプロセスを日々の営業活動や職場の営業会議で用いる営業帳票に反映させた。これにより、一人ひとりの営業行動が「丸裸」になり、競争も促される。

社長や上司が訪問先・面会先を確かめられるようになると、社員や部下の動きを大きく変えられる。どこ・だれの掛け算が面談相手の持つ予算規模を表す。当社では「財布の中身」と呼んでおり、この数値が営業成績を左右するので執拗に追いかけた。

なお、営業尺度について説明を補うと、このプロセスを会社の「簡易営業マニュアル」として利用できるところまでブラッシュアップした。行動規範と呼べる水準に達した。ゆえに、上司の部下評価や部下の自己評価の際の「営業チェックリスト」としても利用できる。

営業帳票の解析グラフに表情が凍りついてしまう

この営業帳票により各人が作業をこなしているか、仕事に取り組んでいるかが一目瞭然となる。さらに、作業に留まる社員が成績不振者で、仕事に挑んでいる社員が成績優良者であることが一目瞭然となる。

ちなみに、作業とは勝手を知った既存顧客の慣れ親しんだ担当者への顔出しであり、仕事とは権限を有するキーマンや決定権者への働きかけである。

後に述べる営業会議では、この営業帳票を共有して検討材料にした。同社に限らないが、それを見た瞬間に社長も社員も、上司も部下も表情が凍りつく。数字という結果をもたらす行動という原因のとんでもない格差に愕然とする。成績の良し悪しは偶然でなく必然であることを嫌というほど思い知らされる。

これまでは営業会議の都度、言い訳と反省を繰り返してきた成績不振の担当者と業績不振の拠点長がこの営業帳票に基づいた「解析結果」のグラフにかつて経験したことのない衝撃を受けてうつむき、まともに顔を上げることができなかった。

社長が社員に、上司が部下に「やれ」と強制してもうまくいかない。血のつながった我が子でさえ、やれと言ってもやらない。やれと言ってやるなら予算未達は起こりえない。

そうでなく、あくまでも本人に気づかせる。昨日までの営業活動を深く恥じるとともに、進んで「自己改革」へ踏み出すように導くことが営業立て直しの鉄則である。そのために営業帳票はどうしても欠かせない。出来合いのＳＦＡ・ＣＲＭではまったく不可能である。

営業会議刷新でモチベーションがみるみる高まる

同社では営業会議が前月の収益を後追いする機会になっていた。すでに出てしまった数字を全員が暗い面持ちで眺めているだけなので「後の祭」であり、何一つ変えられない。

同社は家族主義を重んじ、社長は人柄が穏やかで優しかった。社員を責め立てることはなかったが、かといって予算未達に有効な打ち手を講じたわけでない。

そこで、当社が議長を代行した。ソリューション教育と連動させながら、開発営業による案件育成を促す機会に刷新した。数字という結果管理でなく行動という「原因支援」に徹した。それまでと百八十度引っ繰り返した運営である。

当社が前向きで具体的な助言を与えることで、営業関係者のモチベーションがみるみる高まっていった。営業会議が有益な営業ナレッジを共有する場に様変わりした。

当然ながら、営業会議は社長や上司のためでなく、社員や部下のために行う。業績不振企業ではこの基本中の基本が理解されていない。当社は社員や部下がいやいや参加している営業会議で成果が上がっている事例を見たことがない。

なお、営業会議で露呈した困難や問題については即座に「営業ポスター」を掲げたり、「営業通達」を送ったりして克服を図った。前者は意識改革、後者は行動改革を主眼としている。

当社は商談成立の「阻害要因」を一つずつ潰していったわけで、この地道な打ち手がじわじわ効いていった。

本研修の最終回には全員が「提案書」を持ち寄り、6人一組でローププレイを行った。自社と顧客という役割分担に基づく模擬商談である。

成功事例については報告と社長表彰を行った。いかにも勉強熱心な社長らしい副賞が贈られた。表彰者に若い女性が1名含まれていたことも男性や中堅には刺激になった。

研修当初は辛そうにしていた営業社員に笑顔が戻ったことが何よりだった。営業統括役員によれば、同社初の大きな盛りあがりが得られた。

こうした現場の「熱」が業績回復には欠かせない。職場が圧倒的に明るくなった。

経営への参画意識が芽生え、「全社改革」へ発展

当社は原則としてソリューション教育を営業以外の主要メンバーにも受けるように強く奨めている。これまでの指導経験では「全社改革」に発展することがきわめて多い。社長と話し合い、総務部や経理部などを巻き込むことにした。

顧客が提案先となる営業と違い、彼らは提案先が社長や役員になる。テーマは人事制度改革や業務効率化・省力化、サービス品質向上であり、出来もなかなかだった。社長が続けてきた「小集団活動」も効いた。

これ以降、経営への参画意識が芽生え、企画能力とモチベーションが高まった。仕事への取り組み姿勢にはっきりとした変化が表れた。本研修が営業以外の人材育成ももたらした。

肝心の営業社員はといえば、働きかけに勢いが出てきた。それを加速させるため、当社が収益伸長の黄金比の下半分を占める環境整備の左下に位置する「営業道具」を作成した。手強いライバルと相まみえる社員を戦場に丸腰で送り出さない。かならず「武器」を持たせる。

具体的には、新規顧客への切り込みに用いる「トークスクリプト」、継続面談を助ける「おみやげ」、簡易プレゼンテーションに使い回す「汎用提案書」などの営業ツールである。

おみやげについて説明を補おう。社員は新規開拓でリレーションの形成に苦労していた。そこで、役立ちの観点で話材となる情報を選び、相手が「面談に応じてよかった」と感じる組立てにした。「緊張緩和⇩会話刺激⇩距離短縮⇩関係形成⇩情報収集⇩商機発見」という流れである。こちらが話したい内容でなく、あちらが知りたい内容を入れ込む。

営業尺度と営業帳票という営業情報、そして営業道具を合わせ、勝利を収められる最低限のインフラが揃ったことになる。

❖経過・結果

最大勝因は社長が推し進めてきた社員教育の基盤

同社は財務が逼迫していたわけでない。が、中小企業はどこでもそうだがコンサルタントに払える予算が限られている。たっぷりと手当てされるということは例外である。まして業績不振にあえぐ企業はなおさらである。

同社での取り組みはスケールが小さかったが、当社の「営業成果創出標準モデル」をおおよそ忠実に適用することができ、あっという間に業績回復が叶えられた。

最大の勝因は、社長自らが長年にわたり粘り強く推し進めてきた社員教育による望ましい基盤があったことである。文字どおり「再生のいしずえ」となった。当社は手を抜くなどということは決してしないが、きわめて楽だった。

地場経済が衰退することがはっきりしていたので「ぶっちぎり」の状態まで持っていきたかったが、ここでお役御免となった。さらなる商材の拡充と営業エリアの拡大を果たせたと思うといささか心残りである。

ＩＴとＡＩが商談直前・途中・直後にアドバイス

同社に限らないが、当社がこれまでに作成した営業帳票と営業尺度はブレイクダウンを行うなら、「営業指標データ」と「営業規範データ」を生成することができる。

営業帳票⇩営業指標データはプログラミングにより独自のＩＴシステムに仕立てられる。当

◆ＡＩ上司によるアドバイス

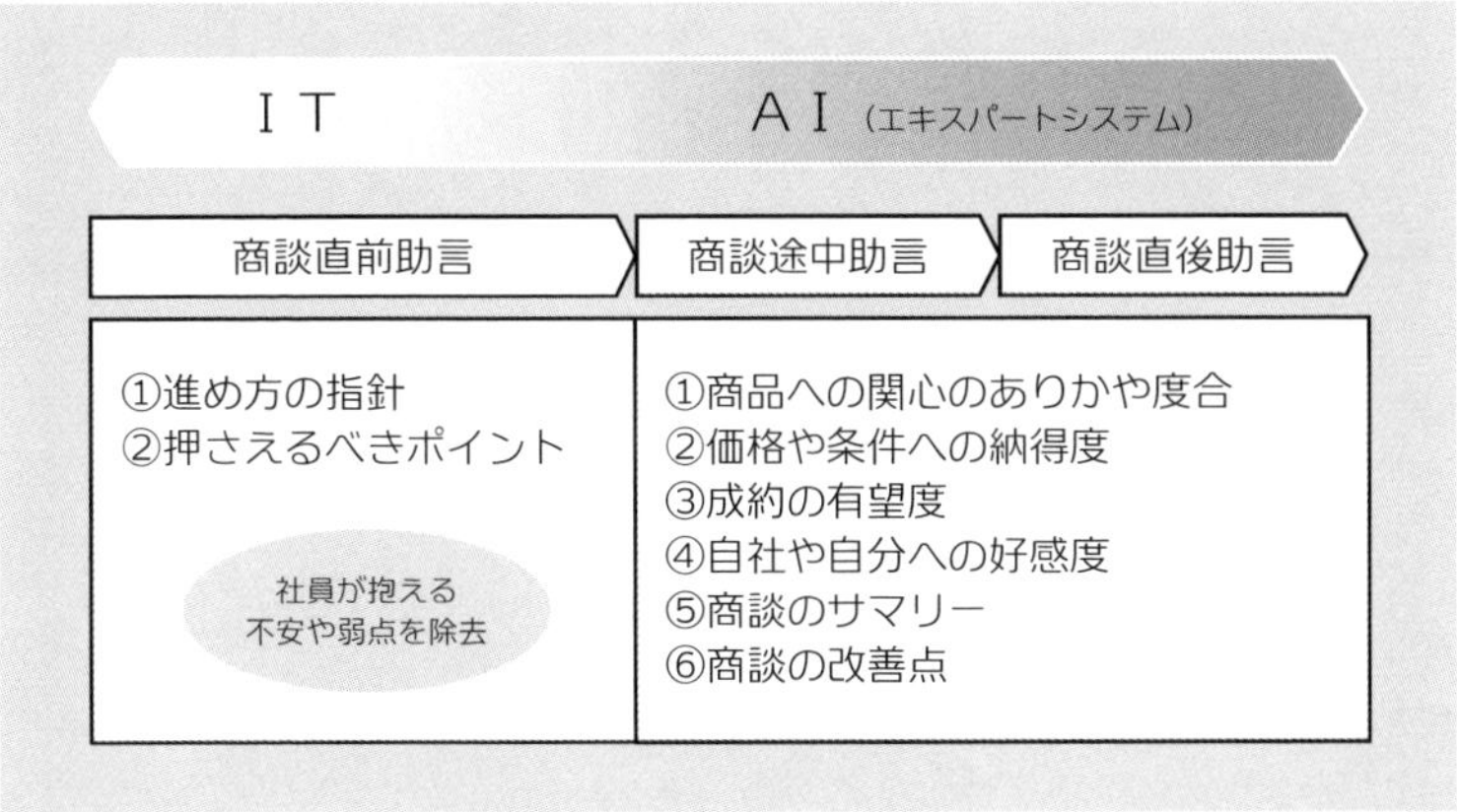

社はＩＴ上司「ニーチェ」と呼んでいる。「Ｎｅｅｄｓ Ｃｈｅｃｋ Ｒｏｂｏｔ」に由来する。むろん導入済みのＳＦＡ・ＣＲＭとも紐づけられる。

また、営業尺度⇩営業規範データはプログラミングにより独自のＡＩアプリケーションに仕立てられる。当社はＡＩ上司「サルトル」と呼んでいる。「Ｓａｌｅｓ Ｔｒａｉｎｉｎｇ Ｒｏｂｏｔ」に由来する。

その機能と効果について説明を補おう。

・社員が抱える不安や弱点を取り除いてくれるのが商談直前のアドバイスである。どう進めるかといった指針や何を押さえるかといったポイントなどを示す。とっさに繰り出す応酬話法を含め、瞬時に利益改善を図れる「値引き対策」も示す。これはＩＴにできることも含まれている。

ＡＩにしかできないのが、商談途中や商談直後のアドバイスである。これは低価格化が進んだ自然言語処理ＡＩと感情認識ＡＩを絡めて「エキスパートシステム」で行う。自然言語処理は言葉解析、感情認識は表情解析と言い換えられる。

顧客の商品への関心のありかや度合、価格や条件への納得度、成約の有望度、自社や自分への好感度を示す。商談の要約であるサマリーも残す。商談の改善点も示す。

人材育成における有効性は「ＯＪＴ」が断然勝る

収益伸長の黄金比の上半分を占める「人材育成」における有効性は、集合研修に代表される「営業教育＝ＯｆｆＪＴ」でなく、現場訓練に代表される「営業指導＝ＯＪＴ」が断然勝る。後者は職場ＯＪＴである日次報告や営業会議、実地ＯＪＴである同行営業になる。なかでも収益伸長の即効性に優れるのが「同行営業」である。

多忙な上司に代わり、優績者の知見が標準化されているＡＩ上司が役目を担う。ＡＩ自体が発展途上の技術であり、機能と効果は十分と言いきれない。しかし、実態ははるかに悲惨ということを分かってほしい。

そもそも同行営業が定着していない。実施されたとしても助言が効果的でない。とくに業績不振企業では部下がほったらかしにされている。そうした状況と比べれば十倍、百倍はましで

◆ＡＩ上司によるＯＪＴ

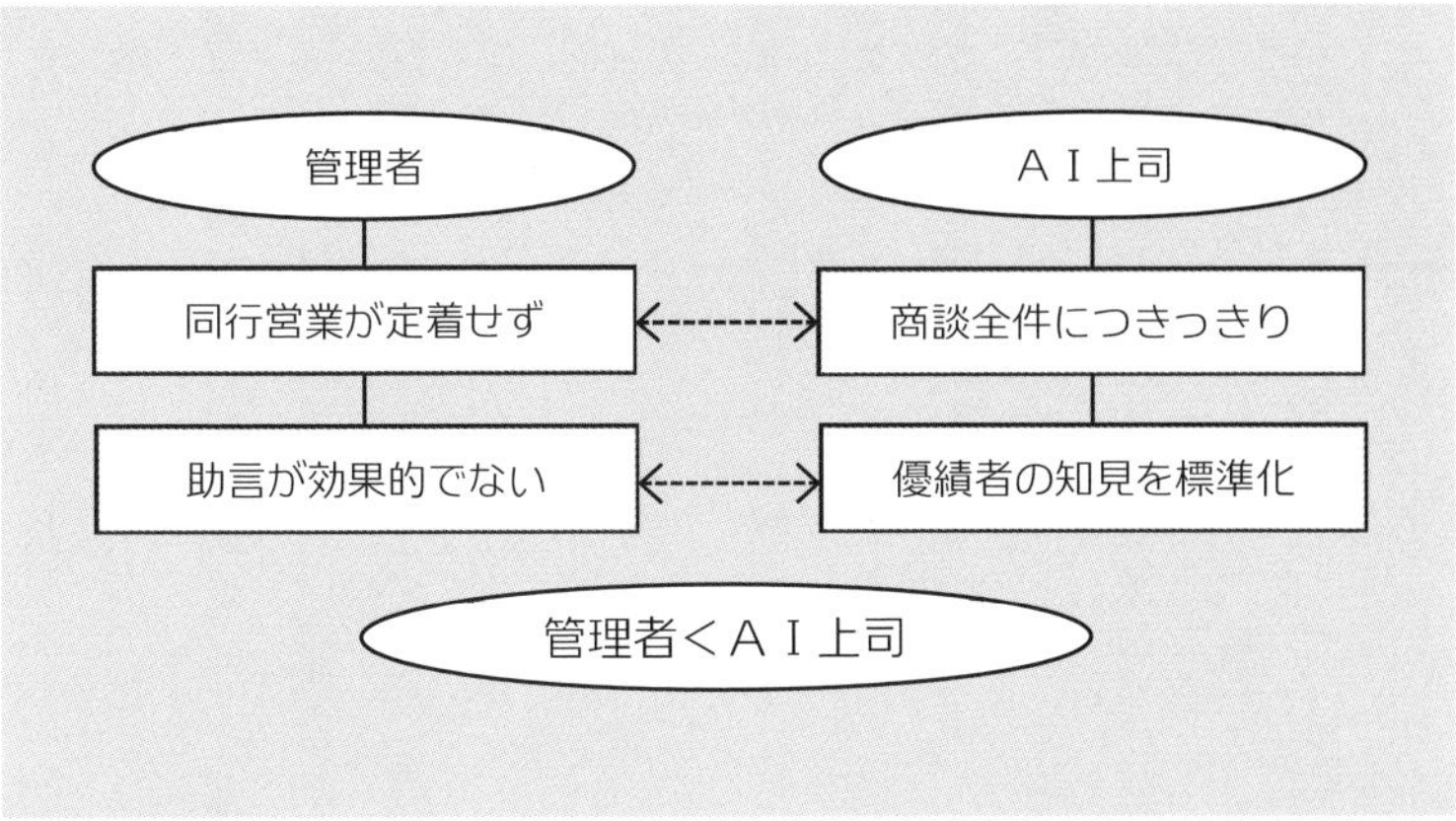

ある。当社の経験では社歴が長いのに営業の人材がほとんど育っていない企業が珍しくない。

ＡＩ上司は、外勤営業のフィールドセールスではタブレットやスマートフォンに実装する。同行営業である。内勤営業のインサイドセールスではパソコンのオンライン商談システムに付加する。「同席営業」である。どちらもつきっきりの状態になる。

こうしたＡＩアプリケーションは社員全員・商談全件に対する「リアルタイムフィードバック」を行える水準に迫りつつある。

収益獲得の中核機能となる営業を強靭化・盤石化

当社はＡＩ上司やＩＴ上司の開発を念頭に置き、下準備をこつこつと進めてきた。

そのさなかに、世界で新型コロナウイルス感染が爆発した。人同士の接触が禁じられ、社会活動・経済活動が止められた。降って湧いた災難だった。多くの企業が社員の雇用と会社の存続を揺るがしかねない困難に直面した。

営業の仕事では社員が顧客へ足を運ぶことも、顧客と膝を交えることもままならない。が、何もしないわけにいかない。移動抑制要請を受けて「ウェブ商談」に切り替え、さらに出社抑制要請を受けて「テレワーク」に切り替えるなど、いまだに試行錯誤が続いている。

「緊急事態宣言」が解除されたとしても、以前の状態にそのまま戻ることは考えられない。勝ち組や財力に余裕のある企業はウィズコロナやアフターコロナのビジネスを見据えて動きはじめている。

いまこそ収益獲得の中核機能となる「営業」の強靭化・盤石化に着手すべきである。その第一歩が、収益伸長の黄金比の下半分を占める環境整備である。左下に位置する営業道具と右下に位置する営業情報が2本柱となり、営業DX導入の前提となる。

数字づくりのアナログコンテンツをデジタルデータへ変換することで、セールステックとエドテックの融合による「営業ニューノーマル構築」を推し進められる。

不振企業は社員や部下をおとなと勘違いしている

ところで、なぜ業績不振企業ではＯＪＴの代表格である「同行営業」に本気になろうとしないのか。私が携わった経験を振り返ると、部下を「おとな」と勘違いしている上司、社員をおとなと勘違いしている社長が多い。

例えば、成績が振るわず、自分の給料分も稼げていないとする。ならば、そのまま放っておけるはずがない。ところが、「新規開拓をやれ」と言ってもやらない。そこで、わざわざテレアポや飛び込みの仕方を教えるが、それでもやらない。子どもどころか「駄々っ子」とまるで変わらない部下や社員が大半を占めている。数字の上積みを図れるはずがない。

困った彼らを一人前にするには「子ども」と見なし、張りついて世話を焼く。能力で育てようとせず時間で育てるほかにない。

管理者の使命は「部下育成を通じた目標達成」に尽きる。しかし、自分のプレイに忙殺されてＯＪＴをないがしろにする。エリートの集まりであるプロ野球の世界でも「プレイングマネジャー」は成功例がほとんど見られない。凡人の管理者は一人二役を果たせない。企業は経営環境が厳しくなるほど「名ばかり管理者」を置いておけない。

実は、社長の責任もきわめて重い。優良顧客や大口商談を取り込んだ管理者に対し、「それをやれる部下を育てるのが仕事だろう」と一喝すべきなのにプレイを称賛してしまう。一選手としての働きを評価するという致命的な誤りを犯す。肝心要のＯＪＴを忘れさせる。

私自身は長期にわたって不調を抜け出せない企業から営業立て直しを引き受ける際には社員は「幼児」と割り切って臨む。ならば、腹も立たないし、根気も続く。実際、ひどい業績は営業のレベルの低さの裏返しである。

ＯＪＴへの注力が「営業が強い会社」への一番の近道である。それを管理者に委ねられそうもないとしたらＡＩに任せるほかにない。そのうえ、上司はもちろんのこと、研修も不要になる可能性があり、人件費を筆頭に驚くべきコストを浮かせられる。

（中小／サプライヤー◇熱量・動力・環境）

3 ノルマ廃止とモチベーションアップ、契約増加を実現 営業現場のコンプライアンス違反・不祥事発生を撲滅

❖背景・状況

人生と生活のリスクに備える最適な商品を奨める

同社は生命保険の会社である。これは相互扶助の精神に基づく「リスク軽減」の仕組みといえ、もしものときに備えて大勢の契約者が出し合う保険料をもとに、保険会社が保険金や給付金を支払う。貯蓄というより「保障」という性格が強い。

具体的に述べれば、死亡、病気、傷害、介護などのリスクに保険で備えることで安心して暮らせる。死亡保険だけでなく医療保険やがん保険、学資保険、年金保険などさまざまな商品が販売されている。

営業社員は顧客の人生や生活における願いも汲んだうえで、死亡リスクと生存リスクを考えながら商品を奨める。保険料の負担と保障の享受との最適なバランスを叶える。

▽営業立て直し
ノルマ廃止
売上維持・増加
▽愛情トーク研修
顧客第一浸透
▽営業管理者研修
営業管理⇩営業支援転換
結果管理⇩原因支援転換
行動評価重視
▽営業プロセス設計
ステップ&アクション
行動指針制定
営業マニュアル兼用
営業チェックリスト兼用
▽営業帳票作成
行動指標制定
面談有効度把握
収益形成・予算達成予測
▽コンプライアンスチェック
不適切販売防止
▽商談OJT機能
営業力アップ

また、家族構成・状況、ライフステージ・ライフイベント、経済状況などが変われば保険契約の見直しを行い、適切な保障内容の維持に努める。

保険の営業活動では自社の商談を行うのでなく、顧客の「相談」に乗り、ライフコンサルタントとしての役目を全うする。いささかおおげさな表現になるが「ライフプラン」の立案に携わるので重い責任を負う。

しかし、こうした自覚を持たずに高収入が得られるといった理由で仕事に就いている社員も珍しくない。

成績は貢献に対する顧客からのご褒美にすぎない

保険業界は「インセンティブ」の比重が高く、それが契約の獲得を促してきた。確かに処遇で報いるというやり方は明快であり、優秀な社員ほど動機づけになる。

かつて、職場では当たり前のように全員の営業成績がグラフで壁に貼り出されていた。たいてい一人ひとりに「予算目標」が課せられている。成果連動型の報酬体系を取り入れている企業では実質的に「ノルマ」となる。

しかし、それが契約至上主義・ノルマ至上主義の風潮を生み、「コンプライアンス違反」の問題を助長する。いったん不祥事が起こるとマスコミやインターネットで瞬く間に広がる。また、営業の停止、業績の下落や企業イメージの低下など、被るダメージは計り知れない。

保険会社はおおよそホームページや会社案内に「顧客第一」を謳っている。言葉は「顧客優先」「顧客尊重」「顧客本位」などとさまざまである。が、建前として掲げているだけで本音としてやり抜こうとしているかは疑問が残る。売るための方便に使われている節がある。

不祥事はほとんどが自社第一や自分第一の営業活動に起因する。顧客はじかに接する営業社員を「会社の顔」と思っている。その相手に裏切られたと感じると心が離れる。

私は教育指導の機会を通じ、「営業の仕事における最大のコンプライアンスはカスタマーファーストの実践である」とすり込んできた。需要が供給を上回る成長市場から需要が供給を下回る成熟市場へ変わり、商談の主導権が売り手の自社から買い手の顧客へ移った。それにともない、わりと容易だった成約が格段に困難になった。主役の共感と信頼を得られる営業活動しか受け入れられない。

大半の企業は長らく自社利益の追求を図ってきたが、顧客満足との調和を重んじるように変

◆営業活動の変化

	過去	現在
市場	成長（需要＞供給）	成熟（需要＜供給）
主導権	自社（売り手＞買い手）	顧客（売り手＜買い手）
目的	自社利益の追求	顧客満足の追求
姿勢	商品を売る	顧客に役立つ
話法	すべての顧客に通じる	目の前の顧客に絡める
成約	わりと容易	格段に困難

わった。さらに、いまや顧客満足の追求に徹する。売ることを考えて成績不振に陥っている社員に対し、私が説いたのは「営業成績など貢献に対する顧客からのご褒美にすぎない」ということだった。ひたすら役立つことを考える。

当時は行きすぎた成果主義への風当たりが強くなっており、弊害が目立ちはじめたノルマを廃止する動きが金融業界や不動産業界を中心に広がっていた。

実際、それは過大なプレッシャーを与え、ストレスを強いる。職場の空気を重く暗くし、社員のモチベーションを落とす。何より当の社員がノルマ達成と顧客本位の狭間で揺れていた。人として真っ当な「心」を失っていなければ当然だろう。

保険業界では「契約切り替え」にともない、顧客が一時的に無保険になるとか、二重払いの重複加入になるといった問題が増えていた。しかも、その対象が弱者の「高齢者」に集中していた。無知につけ込まれて食い物にされていた。生命保険はライフステージなどの変化がないかぎり切り替えはまず不要である。また、低金利の環境下で旧契約よりも新契約のほうが好条件になることも考えにくい。

各社とも法令順守の啓蒙に注力し、顧客に「不利益」が生じる商談を防ぐために事細かにルールを定めていたが、現場ではかならずしも守られていなかった。

❖施策・措置

ノルマ廃止と売上維持という相反する命題を克服

同社の本社スタッフが当社主催の『提案営業セミナー』と『営業管理者セミナー』に参加してくださった。営業立て直し・業績回復の具体的な打ち手を探し求めていたらしい。

当社が先方へ伺い、話し合いの機会を持った。経営企画部や営業統括部、人事部、研修部などの責任者が会議室に勢ぞろいしていた。部署と人数が膨らみ、生命保険会社での合意形成が容易でないと察した。社内の意思決定における力関係と手続きをつかみにくい。

同社はすでにノルマの廃止を決めていた。しかし、保険業界は競合他社を含め、保険料収入の減少にずっと苦しんでいた。ノルマをやめれば短期的な売り上げが悪くなるが、それは許されない。相反する命題をどう克服するかで頭を悩ませていた。

後に述べるが、当社はＡＩ活用の日常的な「商談ＯＪＴ機能」の導入による営業力アップと自動的な「コンプライアンスチェック」の実現による不適切販売防止が望ましいという考えをいち早く伝えた。

が、それが一朝一夕に叶えられるはずもなく、導入の準備に相当する「営業規範データ」などの生成だけでも相当な期間を要する。

気合を入れて臨んだ私は拍子抜けすることになった。同社の希望は最初から決まっており、営業研修の打診だった。いかにも勉強好きの保険会社らしい選択といえる。

結論を述べると、営業活動の現状や問題点などのヒアリングを経て、それぞれ２日間の『愛情トーク研修』と『営業管理者研修』を行った。

「愛情トーク」で営業活動に顧客第一を浸透する

愛情トーク研修は社員が顧客の立場と目線に即した「絆話法」を身につけることが主眼である。当社は１日目に「共感話法」、２日目に「真逆話法」についてポイントを分かりやすく述べた。テキストにトークのケーススタディがふんだんに収められている。研修の性格上、自社と顧客という役割分担に基づいた「ロールプレイ」を多めに組み込んでいる。実践的な模擬商談である。なお、真逆とは、営業常識を引っ繰り返すというニュアンスである。

2日間とも営業活動の困難度が増す環境下で、主役の顧客にどこまでも歩み寄るベーシックトークである。商品はほぼ横並びなので、すべての顧客に通じる話法では魅力を際立たせられない。目の前の顧客に絡めた話法に改める。前者は自社のセリングポイントの訴求であり、後者は顧客のベネフィットの描写である。

相手の心をがっちりとつかむことで、営業活動のなるべく早い段階で自社と自分を選んでもらう。成果を上げるにはこれに尽きる。

比較的高額商品のBtoC営業でもコミュニケーションによる「リレーション」が土台になり、セールストークが成績を左右する。当社は保険業界や証券業界、住宅・設備業界、自動車業界などで研修を引き受けてきた。

トークは営業現場で毎日かならず繰り出されるので、その見直しにより伸びる売り上げはとても大きい。同社は重要性をよく分かっており、その強化も図ろうとしていた。

しかし、本研修を行った最大の狙いは、社員が愛情トークを駆使するなかで、顧客第一の思想・精神、顧客志向の姿勢・態度が営業活動に浸透していくことだった。この観点ではおおいに寄与できたと思う。

不祥事はまま経営や管理のありようが引き起こす

営業におけるコンプライアンス違反や不祥事は確かに現場で発生する。しかし、それはまま経営や管理のありようが引き起こす。こちらがむしろ主因となることが少なくない。

社長と役員が記者会見で深々と頭を下げて再発防止に努めると誓う。が、世間の記憶が薄れかけた頃に似たような問題が生じる。これらは予算達成しか眼中にない経営体質や営業風土が温床になる。結果一辺倒の評価制度や人事考課も同様である。

直接的には本社の現場への管理、上司の部下への管理がもたらす。自らの立場や地位、面子を守ろうとし、営業社員と営業活動の締めつけへ走る。現場・部下が上しか見ておらず、その意向や指示に沿うことが目的化してしまう。

また、本社・上司がそうしないと不安を覚えるとか、仕事をやっている証拠を残そうとかの思惑で、現場・部下へ面倒な報告資料の提出を過剰に求める。

当社はそうした状況を頭に置き、社員を対象としたセールストーク研修と同時期に営業管理者研修を行った。営業部門・営業拠点の責任者や管理者だけでなく本社の営業関連スタッフを対象とした。彼らの「意識改革」がなくては、ノルマ廃止と売上維持・増加を成し遂げられな

◆コンプライアンス違反発生の原因

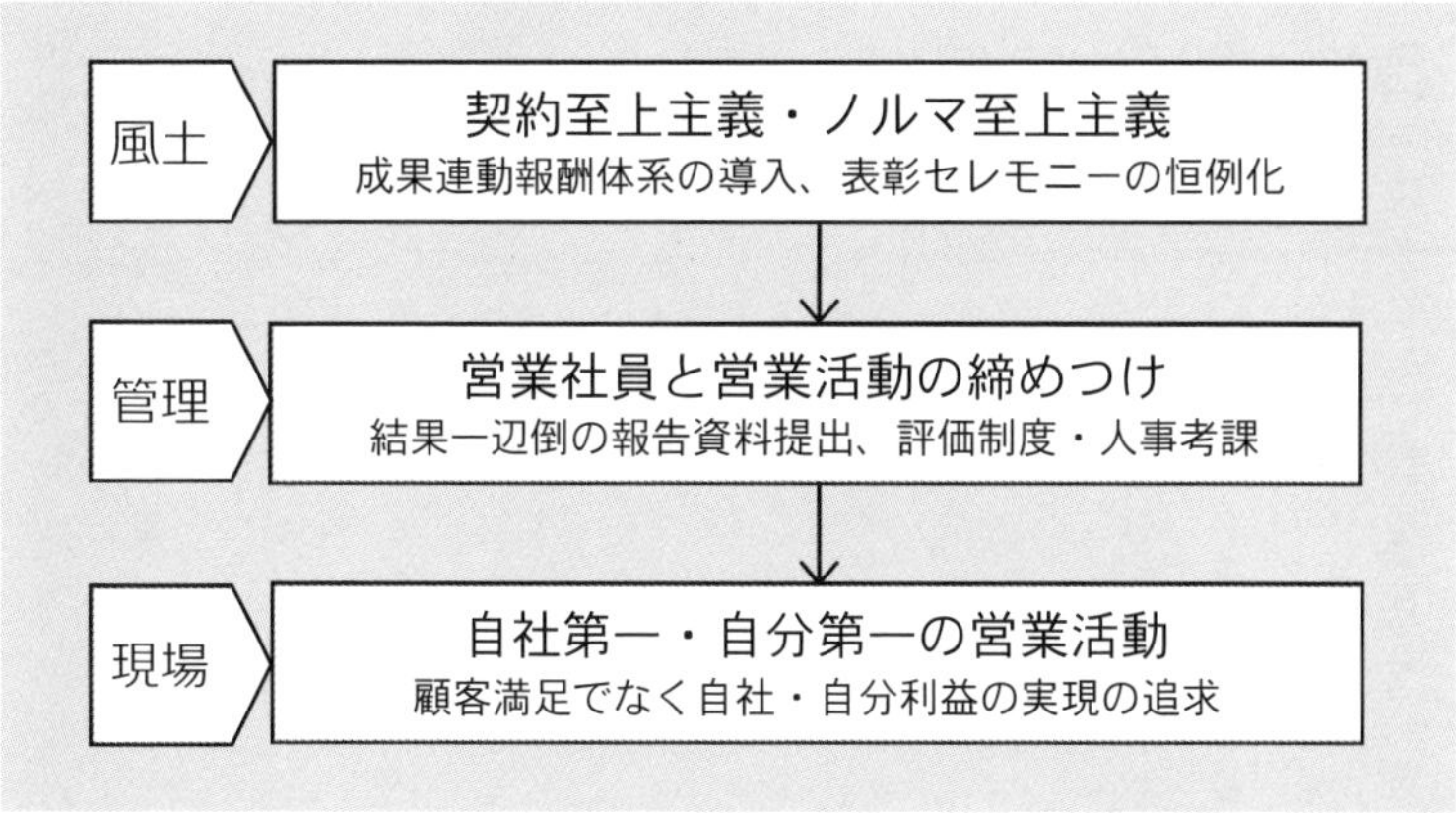
風土
契約至上主義・ノルマ至上主義
成果連動報酬体系の導入、表彰セレモニーの恒例化
管理
営業社員と営業活動の締めつけ
結果一辺倒の報告資料提出、評価制度・人事考課
現場
自社第一・自分第一の営業活動
顧客満足でなく自社・自分利益の実現の追求

い。

本研修を行った最大の狙いは、目標必達のキモを習得することだった。とはいえ、営業管理から「営業支援」への転換を果たす。要は、現場・部下を縛るのでなく「助ける」。

とりわけ現場で目標管理が「結果管理」だとまったく機能しない。それは「実績管理」であり、「後追い管理」である。そもそも結果は管理できず、把握するのが精一杯である。結果が出た後で反省を行うと当月や当年度の業績は終わる。

当社が営業立て直しに携わった業績不振企業では、それまで毎月・毎年度のように現場・部下が謝罪を繰り返していた。そのしおらしさは画像や動画で見られる「反省猿」の演技をはるかに超えている。

そこで、本研修を契機に、「原因管理」に改める。それは「行動管理」であり「先行管理」である。

繰り返し述べたが、行動という原因が数字という結果をつくる。「結果がすべて」の営業だからこそ、数字でなく行動を重んじる。すなわち、全社を挙げて結果管理から原因支援への転換を果たす。

それは「行動評価」へ切り替えることを意味する。一人ひとりが行動の事実をあぶり出される行動評価はごまかしが利かないので、謝罪で取り繕える「結果評価」より恐ろしく厳しい。言い訳も言い逃れもまったく通じなくなる。

面談有効度を把握できる「営業帳票」を作成する

本社スタッフが営業管理者研修の内容を理解し、行動評価の指標を導入することの重要性に目覚めた。当社はほどなくＫＰＩに当たる「面談有効度」を把握できる「営業帳票」の作成を請け負った。

この面談有効度は営業社員それぞれの行動と案件が着地する確率と金額を決定づける。

当社の営業管理者研修がそもそもＢｔｏＢ営業を念頭に置いており、面談有効度は個人向けの生命保険よりも、法人向けの損害保険のほうにマッチする。

しかし、数字づくりを促すうえで基本となる考え方は個人・法人、生保・損保でさしたる違いがない。同社でも十分に有効という判断を下した。

当社は真っ先に「営業プロセス」の設計を行った。営業ステップと営業アクションから成り立つ。とくに新規開拓において社員がスタートからゴールまで踏むべき段階、取るべき行動の単純明快な指針となる。それゆえ、きわめて簡素な「営業マニュアル」や「営業チェックリスト」としても使える。

このプロセスはいかなる営業強化・営業変革でも出発点となる。その意味で、数字づくりの「コアコンテンツ」に当たる。

当社は並行し、営業活動のヒアリングとウオッチングなどを経て営業特性を突き止め、面談有効度を構成する「エレメント」を設定した。実は、いま述べた営業プロセスはその鍵となりうる要素である。

そして、これを営業帳票に落とし込んで仕上げた。

営業会議でこの帳票を用いるなら、成績向上を後押しする機会に刷新することができる。とりわけ業績不振企業では数字という結果を責める場になっている。そうでなく、皆が行動という原因について前向きで具体的な意見を述べ合うとか情報を交わし合う場に改める。おのずとモチベーションが高まる。

目標未達が引き起こされるたった一つの理由は、目標数値に見合った営業行動が取れていないことである。この目標数値がＫＧＩになる。営業行動を評価する面談有効度というＫＰＩをつかめる営業帳票を用い、ＫＧＩへ「ＰＤＣＡ」サイクルを回していけばいい。

ＫＰＩは営業帳票を実際に用いるなかでＫＧＩとの「相関性」が高まるように修正を施していく。精度が高まれば先々の収益形成や年度末の予算達成を予測できるようになる。ならば、本社も現場も、上司も部下もあたふたしなくて済む。

念を押そう。ここで述べたことはスパンが長い営業活動、なかでも法人営業の大口商談に効果的である。社員が経営や事業の課題を洗い出し、解決策を投げかける「ソリューション」である。保険による包括的な「リスクヘッジ」といえる。面談相手が総務部門などの決定権者やキーマンになり、案件によっては役員や社長になる。

この帳票は継続訪問が大事になり、契約金額が膨張するほど威力が増す。個人営業の小口商談では有効性が若干下がるのは致し方ない。数字の「上積み」に特化している。

❖経過・結果

コンプライアンス違反の話法や契約を検知・通報

本社スタッフが避けたかったのは予算未達や業績下落だった。しかし、それ以上に恐れていたのはコンプライアンス違反の発生だった。

すでに述べたとおり、当社はAI活用の自動的なコンプライアンスチェックによる不適切販売防止が理想であることを伝えていた。本社や上司の手間に頼るとか、本人の「良心」を当てにするのでは限界がある。

保険は商品が複雑であり、顧客が理解しにくい部分が多い。かといって、妥当性を欠くトークや契約は断じて許されない。

しかし、「ブラックボックス」に置かれるフィールドセールスでは成績向上のため、ときに違法すれすれの営業活動が行われる。が、本社も上司もすべての話法や契約に目を光らせるのは現実的に不可能である。

いまやAIなどの先端技術を用いるなら、不当な話法や契約を検知できる。実現の決め手となるのは営業規範データに組み込まれた「専用辞書」である。

これには商品名称や契約事項など自社に固有のキーワードのほか、特定の単語の結びつきや組み合わせによる過剰な表現を登録する。肯定・否定などの文脈を踏まえながら辞書に照らし合わせてトークの違法性を判定する。それ以前に、自社第一の営業活動になっていないかという根本の精神や姿勢も評価に加味する。

AIアプリケーションとしてフィールドセールスではタブレットやスマートフォンに実装す

る。インサイドセールスではパソコンの「オンライン商談システム」や電話に実装する。

それがコンプライアンスに抵触する商談を検知し、本社のカスタマーセンターやコンプライアンス部、直属の上司など、あらかじめ登録されたところへ通報する。

生命保険を含む金融や不動産など、成果が報酬に色濃く反映される業界ではＡＩによる営業活動の「常時検証」が普及していく。これはすべての社員と商談についての「モニタリング環境」の構築に当たる。こうした自動チェック機能が睨みを利かしているだけで圧倒的な「抑止力」となる。

保険に限らず、数字という結果を評価する企業が多い。ほんの一握りの成績優良者の「表彰セレモニー」の恒例化もコンプライアンス違反を招く遠因になる。

それに対し、ＡＩは行動という原因を評価する。しかもカスタマーファーストを拠りどころとしており、「倫理」が貫かれる。不祥事発生の温床となる企業文化や組織風土まで再生できる。そのときどきの対応では根絶できない。

私の長年の教育指導の経験に照らせば、営業から顧客への貢献は「正義」と不可分になっているーことを肝に銘じ、関係者に周知させている本社のマネジャーやスタッフ、インストラクターはきわめて限られる。その彼らが現場を仕切ったり動かしたりしている。「無法地帯」と化すのも不思議でない。真っ先に責任を取るべき人たちだろう。

ＯＪＴ機能で商談手法・営業話法が日常的に改善

ところで、「収益伸長の黄金比」の上半分を占める「人材育成」の右上に位置する「営業指導」が成績を著しく左右する。直属上司による現場訓練というＯＪＴに当たる。端的には同行営業という実地ＯＪＴである。

当社が四半世紀を超えて力を注いできた左上に位置する「営業教育」は収益伸長の即効性という観点でＯＪＴにまったく及ばない。派遣講師による集合研修というＯｆｆＪＴに当たる。

概して、業績が伸び悩む企業ほど上司がプレイヤーとして奔走し、部下がほったらかしになっている。そこで、注目を集めるのが商談ＯＪＴ機能を備えた「ＡＩ上司」の開発である。これは部下のスキルアップと上司の負担軽減を両立させられる。

現在は営業規範データをＡＩで処理する「エキスパートシステム」の導入が検討されはじめた。構築に営業知見に精通した「教師」という専門家が必須となり、その能力・水準次第で判定精度がぴんきりになる。

先端技術に強いだけのスタッフがつくっても現場で使える代物にならない。当社は「ＡＩ×データ」が切り拓く営業の近未来を見据え、それに資するコンテンツの確立・蓄積に努めてきた。営業話法に限らず商談手法に及ぶ。

となると、商談前にヒントやポイント、商談中にカンペ、商談後にスコアやコメントを示せる。表情解析や言葉解析が劇的に進化しており、社員がつかみにくい顧客・商談の「有望度」も科学的に見極める。これまでは上司が営業日報の希望的観測を鵜呑みにし、後で愕然とすることも多かった。

このAI上司は多忙な上司に代わり、「トップセールス」がつきっきりで部下にアドバイスするイメージである。「部下全員・商談全件リアルタイムフィードバック」が見慣れた光景になる日が刻々と近づいている。

的確な採点・助言などを通じ、商談手法と営業話法が日常的に改善されることで成約が増加する。成績不振者の短期底上げ、営業未経験者の早期戦力化も可能になる。手取り足取りの育成が当たり前になるので定着も格段によくなる。

保険はもとより、現場の社員が通年で採用されている化粧品などの訪問販売においてもAI上司の導入は際立って有効である。

遠からず顧客接点で刻々と生じるセールストークなどの膨大な「商談ナマデータ」をAIで処理する「ディープラーニング」によるOJTも加わる。その企業に固有の成果創出の「法則性」を抽出できる。人智では究明しきれない行動と数字の因果関係にほかならない。

こうしたエキスパートシステムとディープラーニングを併用することで判定精度がさらに磨かれていく。

これにより自社ならではの営業版の「ＴＯＥＩＣ」に発展させられる。結果評価による報奨制度にこだわらず顧客第一に即した行動評価による表彰制度を立ちあげられる。

プラン自動作成とトーク常時検証で契約件数増加

すでに述べたとおり、営業活動では顧客のライフプランの立案に関わる。同社に限らないが、保険業界では「提案力」の低下が顕著になっている。かつてはそれなりの社員なら実践していたライフコンサルタントとしての専門性を生かした顧客の生活の豊かさや人生の幸せの実現に対する貢献がいまでは覚束なくなっている。

新規顧客には要望やニーズに応える「御用聞き」に甘んじる。情報収集の掘り下げを通じて必要度の高い隣接・周辺・関連サービスを絡めることができない。

既存顧客にもせいぜい契約の見直しで終わる。おもにライフステージの変化に応じて必要度の高いサービスを絡めることができない。例えば、子どもが生まれる、基礎疾患が見つかる、子どもと同居する、介護を要するなどの状況を「商機」として生かせない。

また、保険は「ブランドスイッチ」という他社への契約の切り替えがまま起こる。そうした事情や気配を察し、先手を打って思い止まらせることができない。

実は、時代環境・社会環境の変化につれて新たなビジネスチャンスがつねに生まれているにもかかわらず、社員が顧客への働きかけや顧客とのやり取りを通じて探り出せない。数字を伸ばせないどころか落とす。

しかし、これからはＡＩ上司がこうした限界や問題についても助け、最適な保険プランを作成するように変わっていく。これは商品が細分化・複雑化・高度化している業種に向く。

例えば、ＡＩが商談情報などを踏まえ、顧客にメリットのある保険商品を選び出したうえで組み合わせるなど、着地に結びつきやすい候補を教える。

それにより決してたやすくないベストソリューション・トータルソリューションの立案の手間をゼロに近づける。社員の入れ替わりがわりと激しい保険業界では未経験者の早期戦力化に威力を発揮する。

ただし、そうした提案内容が的確だとしても顧客第一に基づくセールストークが用いられないと相手は推奨、ときに「押しつけ」と受け止めやすい。

保険業界ではＡＩ上司によるセールストークの常時検証に提案内容の自動作成が加わることで契約件数が大幅に増える。フィールドセールス・インサイドセールスを問わない。

なお、エキスパートシステムではトークの改善点の助言やシナリオの示唆に留まるが、ディープラーニングでは成り行きに沿って社員が繰り出すトークスクリプトの作成に広がる。商談中の利用により対応が臨機かつ柔軟になる。

法人顧客を対象としたＢｔｏＢ営業は言うに及ばず、比較的高額商品を扱う個人顧客を対象としたＢｔｏＣ営業、さらに店頭販売でも良質な知見を装備するＡＩが成果創出に寄与する比重が増していく。

（大手／生命保険◇金融・銀行・保険・証券）

4 脱本業へ、既存顧客への貢献を新規商材で掘り下げる いよいよオンライン商談で新規顧客の開拓へ踏み出す

❖背景・状況

収益減少を新規事業で補うビジネスモデルを模索

同社は商業印刷に特化していた。おもに流通業の店頭における購買促進を支援し、チラシ、ポスター、ＰＯＰなどの企画・制作を手がけていた。

地元の主要都市と東京などの大都市に営業拠点を構えていた。中小企業といっても社員数は決して少なくない。営業活動を助けるクリエイターも抱えていた。

同社は巨大チェーンと取り引きはなかったが地域量販店を含めた顧客数が多く、継続的な受注により業績は安定していた。

ところが、「ｅコマース」が消費者に普及し、小売店に影響が及びつつあった。そこで、同社はなかでも集客増加に注力し、一緒に知恵を絞って斬新な施策を打ち出すなどした。それで

▽プロジェクト運営
リーダー代行
事業計画作成
▽営業ツール作成
トークスクリプト
汎用提案書
情報収集項目
▽営業プロセス設計
コアコンテンツ
ステップ&アクション
▽営業帳票作成
面談有効度設定
収益形成・予算達成予測
▽全社営業会議運営
議長代行
新規開拓案件追跡
▽インサイドセールス導入
オンライン商談
簡易専用マニュアル作成
ロールプレイ指導

もｅコマースに押されて余裕を失った顧客からの仕事が減っていった。

さらに、ウェブ受注の印刷会社が「格安」を武器に、猛烈な勢いで小口顧客を取り込んでいた。その価格水準は常識をぶち壊し、瞬く間に世の中に伝搬した。

こうした市場競争の激化、そしてペーパーレス化の進展などを背景に、印刷業界では廃業や倒産が後を絶たず、企業数が著しく減少していた。単なる印刷物の請け負いでは利益を保てなくなり、何とか生き延びた企業が「脱本業」の動きを加速させていた。

同社も収益減少を新規事業で補おうと、２０２０年代を見据えた「ビジネスモデル」を模索していた。しかし、ホームページの制作やＥＣサイトの構築などウェブ分野に参入することは考えていなかった。これまでに競合した印刷会社もたいてい手がけており、タイミングとしては遅すぎた。

❖施策・措置

印刷から離れ、既存顧客の店舗運営自動化に貢献

社長が数字づくりに特化した当社のウェブサイトを通じ、相談を寄せてきた。営業変革に限らず、商品変革・事業変革、さらに経営変革に携わった経験と実績に期待したのだろう。

実は、社長は構想を温めていた。初回面談で印刷市場の関連領域から離れて新規事業を立ちあげるという決意を聞かされた。ただし、同社が保有する「顧客資産」を生かす。既存顧客に対する貢献の掘り下げであり、おもに支出削減による経営合理化を助ける。

具体的には、店舗運営の効率化・省力化・省人化を実現する新規商材を取り扱う。ＡＩなど先端テクノロジーを活用した「ストアオートメーション」であり、人手不足と賃金高騰を受けて業務自動化が急速に進んでいた。これは「ＳＡ」と略される。そうならば、同社が培ってきた店頭でのマーケティングノウハウもいくらか役立てられる。

社長はそれまで店舗運営の合理化をテーマとした展示会などにこまめに足を運び、商材におおよそ当たりをつけていた。当社は社長の本気をサポートするが、畑違いの新規事業を軌道に乗せるのはたやすくない。

ただちに社内で「プロジェクトチーム」をスタートさせることになった。当社がしばらくリ

ーダーを代行し、新規事業計画の初期段階を実行へ移せるところまで牽引した。

さらに、仕入先となるメーカーや調達先となるベンダーを招き、商品知識を習得する基礎的な勉強会を済ませた。

また、案件進捗の状況を踏まえながらメーカーやベンダーの技術スタッフに同行してもらうことにした。社員は技術情報に疎く、対応が覚束ない。同社が多くの小売店と取り引きしていることから、彼らは快く要請に協力してくれる。

ターゲットを有力な既存顧客の上層部に絞り込み

会社として最低限の準備を終えたところで、とりあえず本社の社員が既存顧客へ働きかけてみると反応は上々だった。関心がきわめて高い。ほっとした空気が流れた。

しかし、当時は現在より導入費用がはるかに高額だったことも一因であるが、商談が進展して内容が具体化すると予算を確保できずに断念する顧客が相次いだ。比較的低額なＩＴシステムもなかなか受け入れられない。同社は目論見どおりに売り上げをつくれなかった。

当社は社長と話し合ってターゲットを見直すことにした。実は、そうした事態は想定していたが、まずは社員に動いてほしかった。

◆貢献テーマと接触先地位の関係

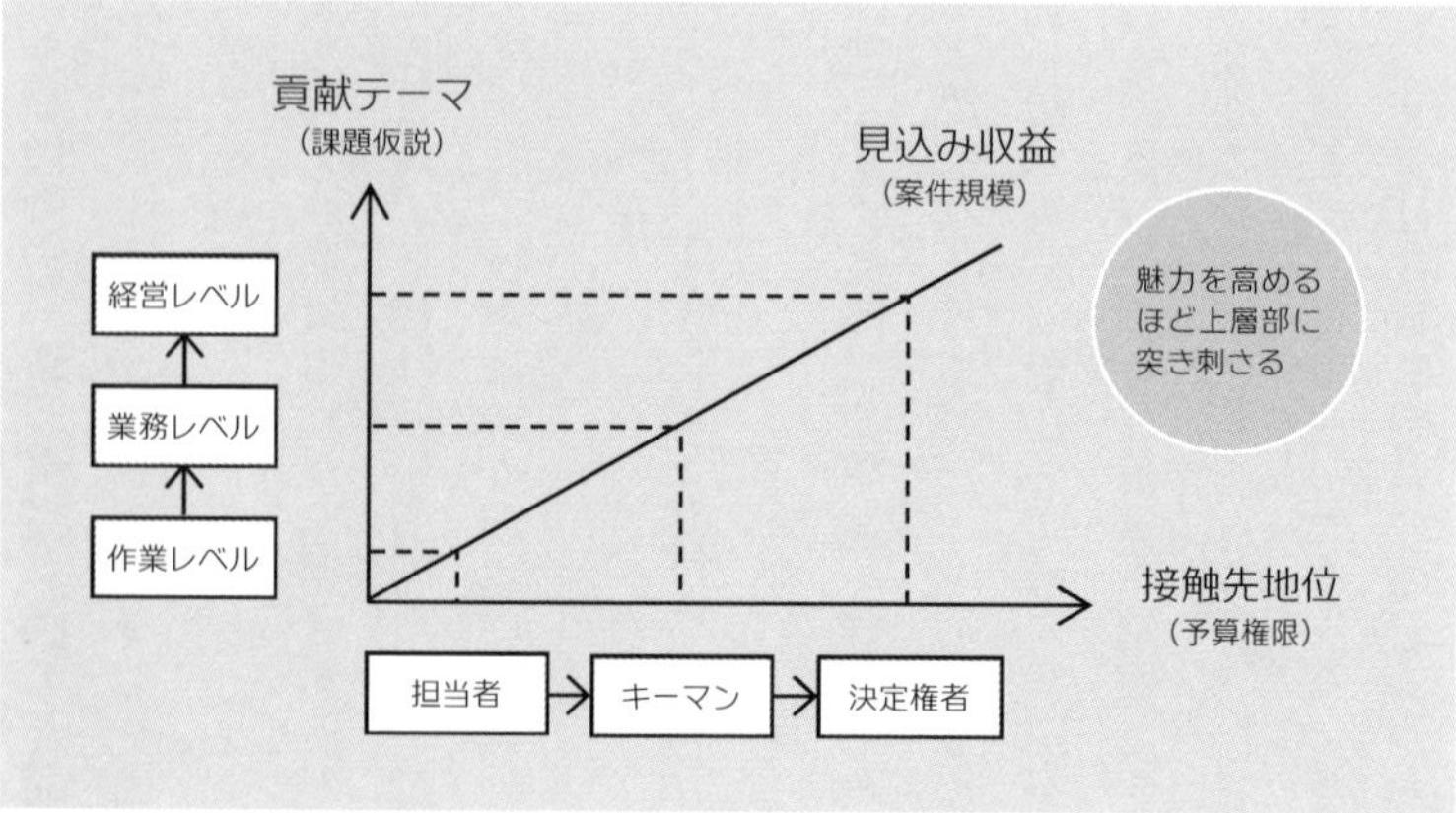

小売業は勝ち組と負け組の格差が一段と広がっていた。業績が振るわない小売店では費用負担がほぼ不可能だった。そこで、店舗数が多い小売店や売場面積が広い小売店に絞り込んだ。

ところが、またしても同社はつまずいた。社員が決定権者やキーマンに「貢献のテーマ」を訴えて切り込んだ経験がなく、初回面談にこぎ着けられなかった。印刷とＳＡでは相手も勝手もまるで違う。実は、有力な小売業の「経営層」を対象とした営業活動をやってこなかった。

この貢献のテーマとは顧客が抱える「課題仮説」であり、ざっくりとした情報収集が前提になる。そうした仮説で相手を捉えることができなかった。

この貢献のテーマに応じて接触先の地位が決まる。「予算権限」といえよう。経営レベルなら決定権者、業務レベルならキーマン、作業レベルなら担当者になる。そして、商談がまとまった際の見込み収益が決まる。「案件規模」といえよう。貢献テーマの大きさと接触先地位の高さには相関関係がある。平たく言えば、前者の魅力を高めるほど上層部に突き刺さる。

概して、社員がまれに初回面談に応じてもらっても継続面談を果たせない。人間関係も築けていないうちに商品説明を急ぎ、「もう来なくて結構です」と遠ざけられてしまう。経営層に幾度も「通う」ことができなくては商談成立が絶望的である。

同社が進める開発営業は新規開拓でなく「既存深耕」だった。いまつきあっている小売店における売上増加である。また、そうした小売店で未取引の店舗を取り込む「既存拡大」もいくらかあった。

新規開拓に限らず開発営業は序盤がもっとも難しい。ほとんどの企業で社員は苦手意識を持ち、ブレーキを踏む。社長は経営相談などで「社員にやれと言ってもやらない」と嘆くが、その理由は嫌だからである。

決定権者への働きかけを助ける営業ツールを作成

当社は決定権者やキーマンへの働きかけを助けるために「営業ツール」を作成することにし

た。ついては、3点のベーシックアイテムに絞った。ほかに揃えたいものもあったが、同社の水準と社員の能力を踏まえ、あれこれ与えて消化不良が起こることを心配した。

第1に、最初に切り込むための「トークスクリプト」である。これは原則としてテレアポトークと考えていい。同社では既存顧客が小売店なのでドアが開いている。訪問時に上層部へ面談を申し入れる際にも使える。

ただし、量販店の本部は事前にテレアポで面談の約束を取りつけておくことが条件になる。

第2に、営業活動の序盤で相手の関心を惹きつけるための「汎用提案書」である。同社では既存顧客とリレーションの形成はできているので初回面談で用いてもいい。

ただし、小売店の規模が大きくなるほど上層部とのつながりが薄くなりやすい。利用するタイミングは臨機応変に考える。

また、汎用提案書は営業活動の終盤で大幅な編集加工を施し、プレゼンテーションで用いることもある。

第3に、質問と観察で顧客理解を深めるための「情報収集項目」である。同社ではこれまでも印刷物を売るというより「セールスプロモーション」に役立ってきた。これは「SP」と略される。相手を知ることが前提となり、それなりに実践してきた。

しかし、先端分野の新規商材については後でも述べるが「トータルソリューション」に持ち込むことが多い。そうなると、これまでより情報収集をはるかに掘り下げる必要がある。ヒアリングとウオッチングで押さえるべき事柄を洗い出した。それを通じ、店舗運営における課題を突き止めることになる。

以上、3点の営業ツールを前から順に読めば社員は開発営業の門を潜り、商談の扉を開けられる。何よりストレスが緩和する。

営業ツールとは良質なセールストークの標準化にほかならない。

量販店の新規開拓を後押しできる営業帳票を作成

幸いにして同社の社員はフットワークが軽く、訪問そのものを嫌うことはなかった。ちなみに、一日の大半を社内で過ごす社員が多い印刷会社で営業を立て直すのはとても難しい。

社員が営業ツールを利用して既存深耕と既存拡大の動きを加速させていった。ぽつりぽつりと案件の着地事例が出てきた。金額はそれほど大きくなかったが、小さな成功体験を味わうことが自信になる。

新規事業・新規商材の営業活動に手応えを感じた社長は「新規開拓」へ踏み出す決断を下した。SAを前面へ押し出し、印刷で取り込めなかった量販店に対象を広げる。とはいえ、新規開拓、まして有力チェーンを対象とした開発営業を推し進めるのは至難である。それができるくらいなら業績不振は起こらないし、間違いなく勝ち組に入っていた。

そこで、当社は社員を後押しできる「営業帳票」の必要性を説き、社長に受け入れられた。

最初に、コアコンテンツとなる「営業プロセス」を設計した。ステップとアクションから成り立つ。開発営業のスタートからゴールまで、踏むべき段階、取るべき行動を定めた。「営業として働くからには絶対にやり抜く」という掟である。顧客第一の精神に則った営業の「行動指針」と言い換えられる。

次いで、当社はプロセスを精細化して営業帳票を作成した。数字という結果をもたらす行動という原因の数値化にほかならない。「行動指標」と言い換えられる。

社員の働きかけ・やり取りが成果に結びつく「確度」の算出を行えるように、販売・受注に影響を及ぼす要素を設定する。当社は「面談有効度＝ＫＰＩ」と呼ぶ。

そして、この面談有効度を落とし込んで営業帳票を完成させた。訪問の件数や頻度といった量的評価に加えて、面談の中身や価値といった「質的評価」を行える。

結局、面談有効度は予算目標というＫＧＩにたどり着く過程のＫＰＩに当たる。進行中の全案件にＫＰＩを加味することで先々の収益形成や年度末の予算達成などのＫＧＩを予測する。

この面談有効度は成果への手応えそのものである。部下も上司もつねにＫＰＩに照らしながら営業活動の生産性を高めていく。

なお、営業帳票は部下から上司への「日次報告」でも用いる。案件に発展する可能性があると感じ取ったら「同行営業」をかける。収益伸長の即効性が高い。

営業会議の議長代行、帳票利用で案件進捗を促進

部門・拠点の責任者はこの帳票を職場で行う営業会議の検討材料として用いた。それにより部下の営業行動が「丸裸」になる。

したがって、数字という結果の管理でなく行動という原因の支援に改められる。要は、営業管理から営業支援への転換であり、全員のモチベーションが高まった。

さらに、一人ひとりについて新規開拓の「ボトルネック」があぶり出される。営業成績を水量にたとえると、管の一番狭いところで抑えられる。当人がつまずくところはだいたい決まっている。どのステップのどのアクションに問題があるかという「阻害要因」を特定することができる。上司はそうした弱点や欠点に絞って解消に努め、部下の底上げを図る。

当社は部門・拠点の責任者を招集して開催される月例の全社営業会議の議長を代行した。新規事業・新規商材に関わる「新規開拓案件」にフォーカスした。やはりこの帳票を検討材料と

して用いた。これはすべての部門・拠点で進行中の当該案件を集計したものであり、職場ごとに数字づくりの状況を追いかけられる。

重要案件については個別に取りあげ、参加者の知恵も借りながら助言を与え、その育成・着地を促した。

職場と全社での営業会議を通じ、全社員と全組織における取り組みが共有された。それぞれの意欲や実態がグラフでビジュアル化され、社員間・組織間の競争心も刺激された。

営業帳票の利用が定着するにつれ、社長が望んだ新規開拓が盛んになり、成果が上がった。

オンライン商談によるインサイドセールスを導入

実は、新規開拓への邁進と同時に、社長はもう一つの重大な決断を下していた。それは同社初となる「インサイドセールス」の導入だった。内勤営業である。

時代の変化や技術の進化にともない、メールや電話でのやり取りが増えていた。入稿もデジタルに切り替わり、社員がわざわざ動かなければならない必然性が薄れていた。

しかし、営業活動では「フィールドセールス」しか行っていない企業がほとんどだった。外勤営業である。社長は創業以来の慣行としてだれも異議を唱えなかった接触型のリアル商談を

◆インサイドセールスのメリット

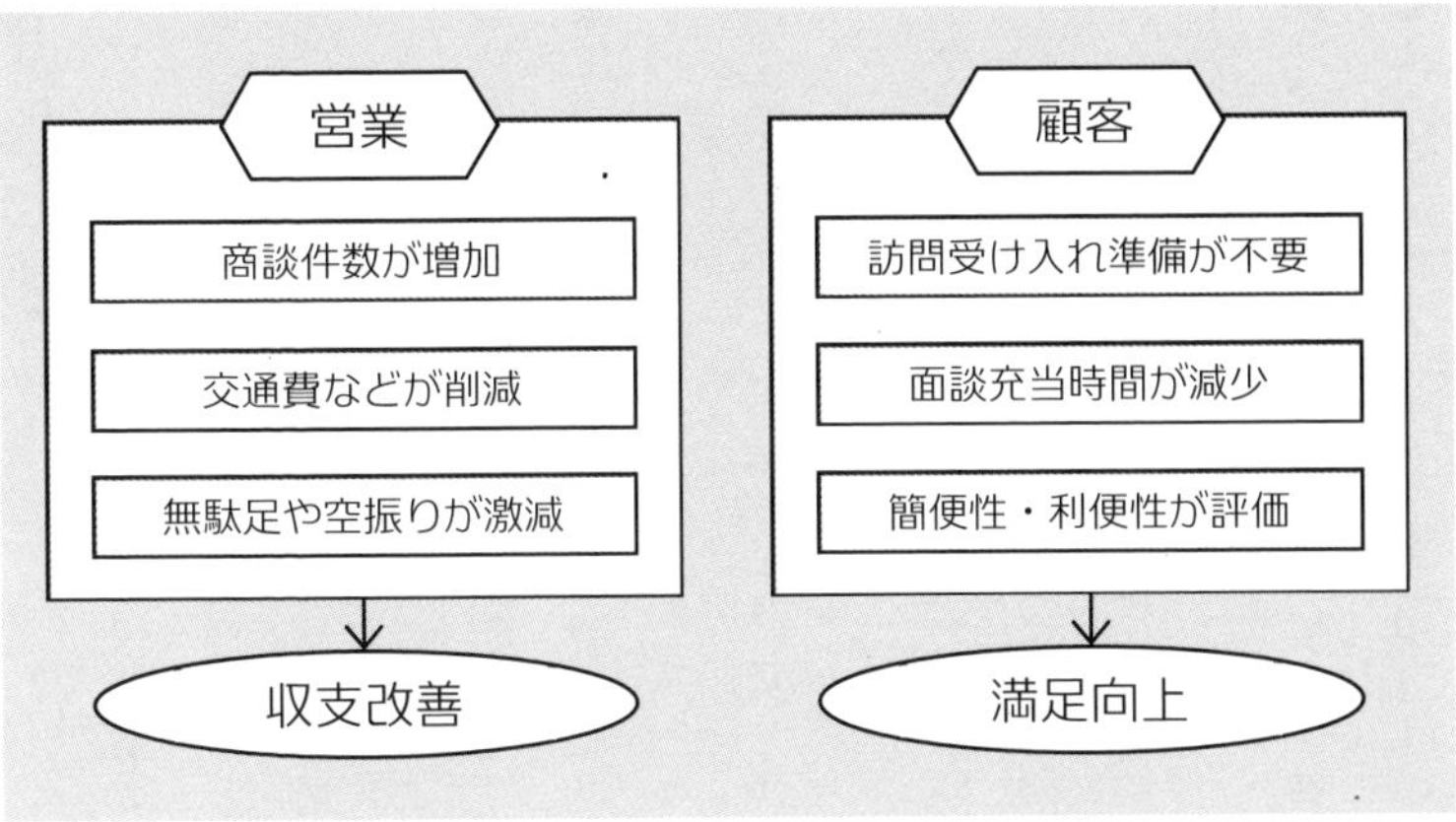

競合他社に先駆けて見直そうと考えた。

ついては、日本でも注目されつつあった「オンライン商談システム」を導入することにした。リアル商談に非接触型のウェブ商談を並行させるわけである。また、新規顧客だけでなく既存顧客も対象とする。

一部の部門長や拠点長からはオンライン商談システムの利用による既存顧客のネガティブな反応を懸念する声が上がった。

実際には、むしろ「満足」が高まった。営業の訪問を受け入れる準備がいらなくなり、営業との面談に充てる時間も少なくて済むといった簡便性・利便性が評価された。経営環境がとりわけ厳しい流通業では本部スタッフの削減が進んでいたことも背景にある。

さらに、当初は戸惑いを隠せなかった営業社員が喜んだ。オンライン商談で有望度を見極めたうえで訪問することができるので、新規開拓につきものの無駄足や空振りが大幅に減った。

メリットを実感した社員は印刷事業の営業活動にも利用しはじめ、既存顧客との一日当たりの商談件数が増える一方、交通費などが減った。すぐに「収支」がよくなった。

また、同社が提供する先端サービスはウェブ商談とマッチした。それを嫌う顧客はそもそもSAを導入しようなどと思わない。こうした案件は店舗運営におけるトータルソリューションにつながりやすいのでウェブ商談で完結させられない。したがって、わずかでも「脈」があると感じたら、接触型のリアル商談に切り替える。

専用マニュアルでインサイドセールスをサポート

ウェブ商談による新規開拓では課題仮説で切り込んだうえで課題解決の必要性と重要性を説き、相手がそれを受け入れることで得られる効果や効用などのベネフィットをおおまかに描くくらいに留める。商材の機能や性能の説明を抑え、自社の役立ちに対する期待や予感を高めることができれば十分といえる。

実は、ウェブ商談はリアル商談と異なる特有のコツがある。当社は社員が不安やためらいを払拭し、すみやかに実行に移せるようにインサイドセールスのポイントを押さえた「簡易専用マニュアル」を作成した。

そして、これをテキストとし、作成済みの営業ツールを手本とし、自社と顧客という役割分担に基づいた模擬商談を指導した。いわゆる「ロールプレイ」である。

なお、このマニュアルはオンライン商談でパソコン画面に表示することもできる。したがって、成績不振者や営業未経験者への「ナビゲーター」の役目も果たす。

ウェブ商談は「訪問営業」と「電話営業」の中間の性格を帯びると考えれば分かりやすい。顧客は訪問営業のように話を聞いてくれるが、電話営業のように関心が薄れやすい。社員は訪問営業のように資料に沿って進められるが、電話営業のように端的に伝えることが求められる。顧客は訪問営業のように生っぽい臨場感を味わえるが、電話営業のように心理的な距離感を抱きやすい。社員は訪問営業のように商談にスムーズに入れるが、電話営業のように商談をあっさりと打ち切られる。

こうした特性から営業ツールの「出来」がきわめて重要になる。ウェブ商談で説明するのでなく、前もって電話でやり取りしたうえで資料を送付したり、メールにPDFファイルを添付したりし、先に概要を理解してもらう。そして、ウェブ商談では説明の補足や要点の強調を行うくらいにし、相手の関心の有無や度合の把握に努める。

社員はマニュアルに沿って場数を踏むうちにウェブ商談に慣れていった。

❖経過・結果

メーカー・ベンダーへの商談依存から人材育成へ

当社は新規開拓もさることながら先端分野の新規商材に対する社員のアレルギー反応が強いと予想した。しかし、現実にはたいした反発や拒絶が出ずに拍子抜けした。

それもこれも社長と役員の危機意識を大勢の社員が共有していたからだろう。生き残りをかけて新規事業を立ちあげた社長の不退転の決意も伝わっていた。印刷事業にしがみついては消滅を避けられないと皆が気づいていた。

また、同社では社員が長らく販売促進企画を立案してきた。提案内容の具体化と提案書の作成の素養は培われていたことになる。ゆえに、ソリューションスキルを習得するための『提案営業研修』は不要だった。

とはいえ、当初の営業活動は外部への依存度が高かった。極端に言えば、社員は案件の芽を見つけるのが精一杯であり、商談はメーカーやベンダーの技術スタッフや営業社員が代わりに行っていた。

実は、社長は新規事業を開始するに当たり、当該領域に通じたスタッフ2名を採用して「営業企画部」を設置した。商談の進捗状況を睨みながら社員の営業活動に同行して支援する役目を担った。が、それがきちんと機能するまでに1年前後を要した。

同社はホームページにSAなどの先端ビジネスを打ち出した。それにより「理系」の学卒者・院卒者などの応募が少しずつ増え、営業企画部はスタッフが充実していった。

社員数が増え、徐々に中堅企業の規模に迫っている。数年後には新規事業は既存事業と並ぶ収益源に育つと思われる。

営業の喫緊課題は「ウェブ商談による新規開拓」

パンデミックの発生を受け、ほとんどの企業は営業活動のありようを見直さざるをえなくなった。社長も社員も自らの意思で変えるというより顧客の要請に応えるかたちでウェブ商談を取り入れた。そして、何の問題もないどころか互いのメリットが大きいと分かり、一年も経たないうちに根づいた。

なかでも既存顧客への顔出しが主体となる付加価値の低い商談ではわざわざ移動や出張の時間・労力・費用をかけて足を運ぶ必然性がないと気づかされ、「外回り」が死語になりつつある。また、そうした通常営業の効率化が進んだ結果、社員に時間の余裕が生まれた。

すでに在宅営業を含めた内勤営業が日常化した。しかし、数字づくりがうまくいっているかというと話は別である。従来事業を営む多くの企業が売り上げの落ち込みに苦しんでいる。しかも、業績の下落に歯止めがかかりそうにない。

「座して死を待つよりは、出て活路を見出さん」。

追い詰められた社長や社員は生き延びるために収益の積み増しに当たる開発営業への邁進が不可欠と考えはじめた。そのなかでも売上増加はもちろんのこと、顧客増加を目指した「新規開拓」に打って出ようとしている。

ところが、社員がもっとも困っているのは非接触型のウェブ商談で取り組まなければならないことである。接触型のリアル商談でも大変なのに、いわば「遠隔営業」で行う。商談へ入る前提となる「意思疎通⇩関係形成」さえも覚束ない。長らく門を潜る前に扉で跳ね返されてきた。

いまやおおよその企業で「ウェブ商談による新規開拓」が営業における喫緊の課題になっている。しかし、社長が頑張らせるだけでは成果が上がらない。社員はすぐに挫折を味わう。いったん懲りた人間は二度と動こうとしない。

機運を盛りあげるには社長や本社が真っ先に体制を築き、現場に本気を示すべきだろう。本書は数字づくりを営業部門に任せず会社全体で推し進めるという趣旨である。枠組み・仕組みというスキームを設計して具体化する。

例えば、マーケティングと営業の連携、インサイドセールスチームとフィールドセールスチームの役割分担で臨むことが多い。

そこで、本事例の進め方・やり方と重複するところがあるが、簡単な説明を行いたい。業界・市場を問わず、規模・形態を問わず、どのような企業もわりと短期間の準備でスタートさせられる。

私が業績不振企業で見てきたところによれば、新規開拓は成果が上がらないから営業関係者が嫌がる。そして、その主因は見込客が少ないことである。あったとしても、有望度が低いことである。いわゆる「リード」が不十分なのだ。

結局、新規開拓とは見込客を創り出して刈り取る一連の業務といえる。ついては、「①見込客獲得⇩②見込客育成⇩③見込客検定⇩④見込客成約」という流れになる。
①はターゲット市場で商品に関心を示す可能性のある見込客を獲得する。
おもにウェブサイトやSNS、ウェブ広告、展示会やセミナー、広告・広報・販促による顧客情報の入手である。営業が「テレアポ」で行うこともあり、いまでも王道である。
②は①で獲得した見込客を有望な「ホットリード」に育成する。
おもにホワイトペーパーやメルマガなどのコンテンツ送付、展示会やセミナーなどのイベン

ト招待を通じた有益情報の提供による購買意欲の刺激である。これは架電やウェブ面談、メールや手紙で行う。

③は②で育成したホットリードを商品に関心の高い「顕在顧客」と見なすかどうかを検定する。

おもに架電やウェブ面談での購買意向や購買時期、予算規模や予算権限などのさり気ない探索による有望度の判断である。また、空振りが当たり前の新規開拓では無駄足を減らすために「スクリーニング」が欠かせない。

④は③で検定した顕在顧客を購買へ誘導して成約する。

おもに足を運び、顔を合わせるリアル面談による刈り取りである。営業特性や商談金額により面談を粘り強く重ねることが必須となる。

なお、ここで用いた購買という言葉は「発注」という言葉に置き換えられる。

現場の上司に任せるとか部下に任せるという発想では新規開拓の取り組みを軌道に乗せられなくなった。

（中小／印刷◇広告・販促・印刷・用紙・包材）

5 セールストークのありようが個人営業の優劣を決する「絆話法」でCSを向上、指名買いで相見積もりなし

❖背景・状況

景気の変動による業績への影響が軽微な優良企業

同社はカーディーラーであり、社長が「顧客満足度」の向上に情熱を注いできた。いわゆる「CS」である。

その会社や社員を儲けさせるか儲けさせないかを決めるのは「顧客」であることを理解していた同社では皆が営業活動を通じて「主役」に寄り添う姿勢を貫いてきた。

それはセールスマンによる販売後のフォローはもとより、メンテナンススタッフによる利用中のサポートにも反映されていた。どうしても売りっ放しになりやすいが、納車後のコミュニケーションを大切にしており、心配りや面倒見が行き届いている。

自動車業界は概して景気の変動により業績が大きく左右される。しかし、同社は影響が比較

的軽微な優良企業だった。

俗に言う「囲い込み」ができており、ロイヤリティの高い顧客にずっと支えられていたことになる。

▽愛情トーク研修
共感話法
真逆話法
▽セールストーク解析
気づき促進
自社第一⇩顧客第一転換
成績向上
▽CS向上
指名買い獲得
相見積もり回避

❖施策・措置

社員が愛情トークをできて成績が悪いことはない

社長がビジネスセミナー会社主催の『提案営業セミナー』に参加したことがきっかけになり、研修の依頼が寄せられた。これまでに経営・営業などをテーマとしたさまざまなセミナーを受け、そのなかでとくに内容に感銘を覚えたという話だった。しかし、社長が選んだのは『愛情トーク研修』だった。当社のホームページの「企業研修」のメニューから自社に最適なカリキュラムをしっかりと見極めている。

当社は営業立て直しの相談を受けると、ＢｔｏＣでは愛情トーク研修を奨めてきた。実際には「うちはできている」とはねつけられることのほうが多い。しかし、社員がこのトークをできていて成績が悪いことはありえない。

口にするのは簡単でも、「カスタマーファースト」のトークに徹しているのはせいぜい３パーセントだろう。社員なら「トップセールス」の仲間に入れるし、会社なら「勝ち組企業」の称号を贈られる。

当社は社長との初回面談で手応えを感じた。ただちに2日間で愛情トーク研修を行うことが決まった。ただし、同社では休日利用だったので連続実施を望めなかった。

新車販売はコミュニケーションによる「リレーション」の形成を土台にして進める。本研修はカーディーラーのセールスマンが日々繰り出すトークそのものの改善、まま変革を図ることが最大の狙いである。

私は個人用や家族用のクルマを買う際に、つたないトークに失望、ときに怒りを覚えた。住宅や生命保険に次ぐ高額商品なので納得のいく営業活動を受けたいと願っているが、現実のトークはそれに反する。

社員に対する教育を行っていないというより教育を誤っていることが原因である。

優良者と不振者のトークの違いをビジュアル表示

この愛情トーク研修では顧客の立場と目線に即した「絆話法」を身につけてもらう。当社は1日目に「共感話法」、2日目に「真逆話法」についてポイントを分かりやすく述べた。

テキストにトークのケーススタディがふんだんに収められている。これを目でなぞるだけでもカスタマーファーストのトークが顧客に感動を呼び覚ますことが分かる。研修の性格上、自社と顧客という役割分担に基づいた「ロールプレイ」を多めに取り入れている。模擬商談により会話がおおいに弾み、距離がぐっと縮まる経験を味わえる設計になっている。

量販車種ではメーカーによる性能や品質、価格の差は小さい。おおよそ横並びの商品の「魅力」を際立たせるためには、目の前にいる「個客」に絡めて語るほかにない。個客とは当該顧客という意味である。そうでなくては関心や興味を惹きつけられない。

営業が愛情トークを用いれば商談を決められるというだけでなく利益を増やせる。顧客の心をがっちりとつかむことにより、わずかでも「値引き要求」を和らげられるからだ。

また、本研修では「気づき」を促すために成績優良者と成績不振者のトークを比較した。いろいろな企業や商品の営業話法の指導に携わってきた当社が重要視する尺度に基づく科学的・客観的な解析である。

受講者はグラフなどのビジュアルで示される結果に激しい衝撃を受ける。これまでは気にも留めなかった話法の違いが成約の違いに直結すると思い知らされ、社長や店長に強いられなくても自社第一から「顧客第一」の営業話法に改める。

だれしも営業の仕事に就いているからには恥ずかしくない成績を残したいと思っている。実力勝負のカーディーラーはそうした社員がわりと多く集まっている。そのきっかけを与えてやることも本研修の役目である。ゆえに、成績不振者の底上げにも効く。

営業職は感動職という意味が腑に落ちたとの報告

当社を舞いあがらせたのは研修会場で事務局から紹介されたトップセールスマンから直接届いたメールだった。彼はむろん研修前から営業成績が素晴らしい。

研修後に早速、6人家族に対する「ラージクラスミニバン」の営業活動でカスタマーファーストを貫いたそうだ。「個客本位」のセールストークである。

クルマの乗り降りの際に足腰の痛みで顔をゆがめるおばあちゃん。おじいちゃんの病院の送迎を世話する共働きのおかあさん。目の病気で運転に不安を抱えるおとうさん。隣町のサッカークラブで選手を目指す小学校高学年の男の子。やんちゃ盛りでアウトドアやキャンプが好きな小学校低学年の男の子。

愛情トークはそうした顧客の生活や人生と商品の性能や品質を結びつけることが最大の特色である。トップセールスマンはさすがに飲み込みが早く、学びを実行へ移せる。

彼は先に顧客のベネフィットを描いた後に自社商品のセリングポイントを紐づけるトークに

変えたことになる。すると次第に相手の目がうるうるしてきたという。私が本研修で訴えつづけた「営業職は感動職」という意味が腑に落ちたとの報告だった。

おそらく彼は営業活動そのものによるＣＳが突出して高く、単なる「相見積もり」を取られることがない。商品の前に自分の「指名買い」を得ている。これは業種を問わないトップセールスの共通点である。

愛情トークは比較的高額のＢｔｏＣ営業にマッチ

愛情トーク研修について説明を補いたい。

広告やウェブサイトで販売・受注が完結せず、社員が介在しなければならない比較的高額なＢｔｏＣ商品がある。新築・リフォーム・住宅設備・仲介などの住宅、生命保険を含む金融、自動車、化粧品、会員権、冠婚葬祭などの営業活動ではリレーションが基礎となる。

これを築くのはトークであり、そのありようが成績の優劣を決する。

しかし、社員の対人能力やコミュニケーションスキルの低下につれ、想定していなかった業種や市場から研修の依頼が寄せられるようになった。

例えば、家庭用エネルギーである。営業が本職でないにしろ、定期点検に訪れるガス会社のスタッフのトークを聞いて愕然とする。ホームページで顧客第一を謳いながら社員が自社第一のトークに染まっており、あれでは他社から自社への切り替えを促せない。

仮に契約にこぎ着けたとしても「料金一辺倒」なので、もっと安いところが出てくるとすぐに離れる。電力会社もガス会社も価格だけで取ったり取られたりという消耗戦をいつまで繰り返すつもりだろうか。

また、あのトークではガス関連器具・設備などの更新を促せない。世間の営業はドアを開けてもらえなくて困り果てているというのに、彼らは家のなかに通してもらえ、ビジネスチャンスに毎日浸かっている状態である。

ガス会社は規模が大きくなるほど電力会社から標的にされる。黙っていても安定収入が得られる時代はとうに終わった。業績悪化で苦しんでいるとしたら、そうした現場のスタッフが数字づくりに寄与できるように教育すべきだろう。

また、愛情トーク研修はスタッフが接客する「店頭販売」にも役立つ。有力なメーカーやチャネルは巧妙な「トークマニュアル」を備えているが、それとはまったく違ったアプローチが刺激になり、スタッフと販売手法の目覚ましい活性化につながる。売ろうとして売れる時代はとうに終わった。

当社は成績の土台をつくるのは当人の「営業観」と考えており、すべての研修において顧客第一をすり込むことを主眼としている。

❖経過・結果

CSもESも図抜けているのは優良企業の共通点

当社は研修の冒頭でかならず社長や営業統括役員に挨拶をお願いしている。トップの意思と主導により実施していると周知させることが効果を高める前提条件となる。派遣講師の力ではおのずと限界がある。

同社の社長は朝礼や会議でいつも話しているせいか、内容が分かりやすかった。長らく全社を挙げ、愚直なまでに顧客第一を追い求めてきた。それがCSの高さにつながっている。

話に耳を傾ける社員は顔が輝いており、それはCSより重要な「社員満足度」の高さを表している。いわゆる「ES」である。幸せでない社員は顧客を幸せにできない。同社はCSでもESでも図抜けていたはずだ。これは業種を問わない優良企業の共通点である。

参考までに述べれば、当社の定番『提案営業研修』では受講者がCSに焦点を合わせ、課題解決などの役立ちをとことん追求する。しかし、あくまでも「EC⇩CS」という考え方に基づいている。社員が生き生きと働くように導くことが先決となる。

同社は職場の雰囲気が明るく活発であり、社員の自信と誇りが伝わってきた。顧客に留まらず地域とのつながりがとても深いと感じた。

同社とはささやかなつきあいだったが、こちらが学ぶことのほうが多かった。もともと当社の助けなど必要としていなかった。

AIの言葉解析などでトークの判定・助言を行う

極端にレベルが落ちたセールストークの改善を図ろうと、AIの「言葉解析」などを用いる動きが出てきた。

当社は営業に関わるコンテンツを蓄積してきた。いわゆる「教師データ」のおおもとに当たる。これを「教師あり構築」のエキスパートシステムに適用する。とくに営業分野におけるAI活用ではこのデータの「質」で判定精度が決まる。商談手法と営業話法の採点・助言の的確さと言い換えられる。

そして、トークはもとより営業活動全般のレベルアップに貢献したいと願い、AI系のスタートアップとオープンイノベーションで開発を進めている。近い将来、こうしたAIアプリケーションを実装したタブレットやスマートフォンを持ち歩くなら、部下全員・商談全件にリアルタイムでアドバイスを行う。

当社が営業立て直しによる業績回復に取り組む際に拠りどころとするのが「収益伸長の黄金比」だが、この上半分を占める「人材育成」の右上に位置するのが「営業指導」である。現場訓練を中心としたＯＪＴに当たる。なかでも成績向上には顧客接点における実地ＯＪＴが圧倒的に有効である。「同行営業」と呼ばれており、これからはＡＩアプリケーションが上司の役目を担うようになる。

当社の愛情トーク研修は左上に位置する「営業教育」である。集合研修を中心としたＯｆｆＪＴに当たる。セミナールームなどの屋内で行うので、残念ながら効果という観点ではＯＪＴに遠く及ばない。

現時点で発展途上のＡＩに限界もないわけでないが、部下が放っておかれる状態よりずっとましである。ＡＩはエキスパート領域に関してはすでに人間を上回る☒☒を☒☒ている。

☒営☒☒☒場☒☒の☒☒に☒しむ☒業は☒☒を☒い、☒☒が伸☒るかどうかにしか関心がなくなった。愛情トークのような実☒研修☒☒☒け☒れられにくくなっている。

これまで当社は社☒を教育して☒た。いままでは当社がＡＩを教育し、教育☒れたＡＩが社☒を教育する☒☒☒スキーム☒☒行し☒☒ある。

社☒にとっては☒の場で顧客☒の☒☒かけ☒顧客との☒り取りの☒直しを行ってくれるので

◆ＡＩによる同行営業・同席営業の仕組み

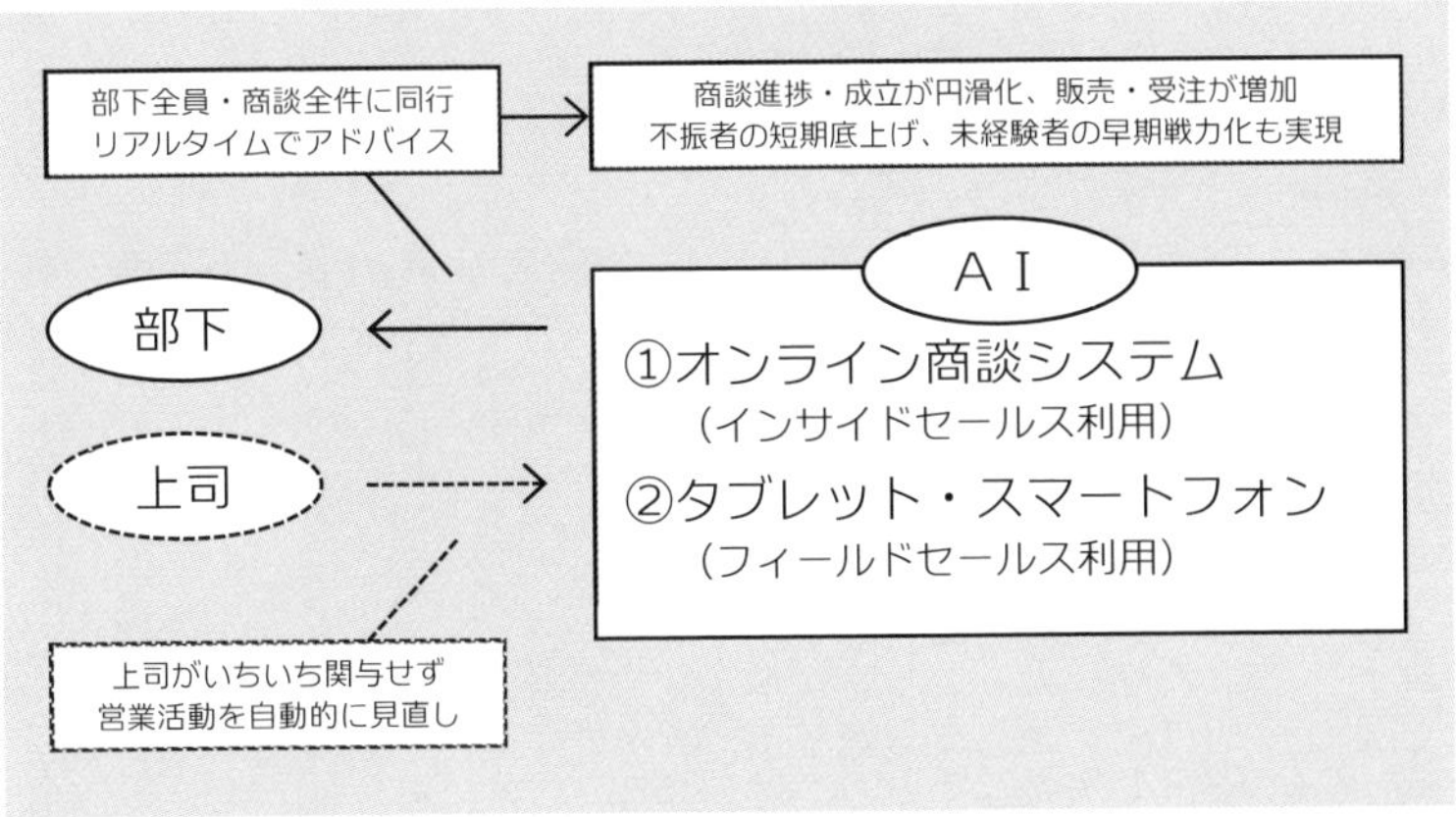
部下全員・商談全件に同行
リアルタイムでアドバイス
商談進捗・成立が円滑化、販売・受注が増加
不振者の短期底上げ、未経験者の早期戦力化も実現
ＡＩ
部下
①オンライン商談システム
（インサイドセールス利用）
上司
②タブレット・スマートフォン
（フィールドセールス利用）
上司がいちいち関与せず
営業活動を自動的に見直し

心強い。クライアントにとっては営業講師が不要になってコストが下がるだけでなく、速やかに収益伸長を促せる。

トークの良し悪しで成果が決定づけられる業種や商品に際立って有効である。

「ＡＩ×データ」活用が営業のニューノーマルへ

「新型コロナウイルス」の感染拡大により、多くの企業が売り上げの急降下に見舞われた。

人的移動が禁じられ、経済活動が止められたため、営業については社員と顧客のリアルの接触がままならない。足を運ぶことも顔を合わせることもできなくなり、オンライン商談システムによる「インサイドセールス」の導入が加速した。

これは「内勤営業」であるが、出社自粛という大手企業などではテレワークによる「在宅営業」も取り入れられている。ＡＩのＯＪＴ機能ならばオンライン商談システムに付加できる。部下は同行営業ならぬ「同席営業」を受けられることになる。

パンデミックが収まったとしても元の状態にそのまま戻ることは考えられない。他の職種や仕事がそうであるように営業においても新常態が模索される。いわゆる「ニューノーマル」である。そして、その決め手が「ＡＩ×データ」なのである。教師あり構築と教師データの掛け算による「セールステック＆エドテック」の潮流がおおいに盛りあがるだろう。

上司がいちいち関与しなくても、部下の営業活動の進め方とやり方の絶えざる見直しが自動的に行われる。商談進捗・成立が円滑化して販売・受注が増加するだけでなく、成績不振者の短期底上げや営業未経験者の早期戦力化も実現する。

営業がコミュニケーションによるリレーションの形成、カスタマーファーストによるグッドウィルの醸成が大事になる「対人商売」という根本は変わらない。インサイドセールスでもフィールドセールスでも営業のブラッシュアップの積み重ねが「勝者」をつくる。

（中小／ディーラー◇家電・ＯＡ・精密機器・自動車）

6 社長がコストカット優先で拠点・人員削減、利益確保 テレワークで時間の使い方が変わり、売上記録を更新

❖背景・状況

拠点の全国展開と営業社員の雇用の費用が重荷に

同社は部材などの納入だけでなく設置や組み立ても行っていた。新築物件が減少する半面、既設物件のストックが拡大するにつれて「改修需要」が増加し、売り上げはかろうじて保持していた。やがて好況期を迎えて売り上げが伸びたが、そのわりに利益が芳しくなかった。

これまでに幾度か景気の変動に見舞われ、業績の浮沈を繰り返してきた社長は先行きに不安を感じていた。事業承継のことも頭のなかにあった。そこで、余力のあるうちに経営の「合理化」を推し進めることにした。

同社は古い体質であり、「業務改革」に対する抵抗が大きかったが、間接部門の合理化は済ませていた。業務の見直しとＲＰＡの導入などにより人員がスリム化した。

▽経営合理化
営業拠点削減
営業人員削減
▽営業生産性向上
経費圧縮
売上向上
▽インサイドセールス導入
オンライン商談システム
▽顧客周知
メリット強調資料作成
▽ウエブ研修
簡易マニュアル作成
画面ナビゲーション
顧客満足度向上
▽働き方改革
意識改革
風土改革
▽テレワーク切り替え
パンデミック対応
営業在宅勤務
▽営業ツール作成
汎用提案書
サーベイシート
トークスクリプト

しかし、まるで手つかずの状態だったのが「営業」だった。商社ということで営業を最優先で拡充してきたために、社内的な力が強かった。営業活動の「生産性」が顧みられることもなかった。

同社では営業拠点を主要都市に展開しており、その費用が重荷になっていた。フットワーク勝負、ネットワークビジネスの側面があり、地域と顧客に密着するには拠点が多いほどいい。が、不採算拠点が増え、配置の見直しが急務だった。

また、大勢の営業社員を雇用しており、その費用が重荷になっていた。呼び出しに応じて訪問することもあるが、既存顧客への定期的な訪問が主体である。電話でのやり取りで済ませられそうな商談も多かった。

❖施策・措置

拠点を限定し、習慣性の客回りを内勤営業へ移行

社長は注目が高まっていた「インサイドセールス」を自社に導入する決断を下した。当面は赤字が深刻な拠点に限定し、習慣性の客回りを徐々に「内勤営業」へ移行する。

当時は「オンライン商談システム」が普及しつつあり、クラウドサービスの利用によりわずかな費用と準備で即座に始められる環境が整っていた。実験的な取り組みとすることで効果を検証しながら改善していける。少なくとも表立った社内の抵抗はなかった。

社長の心配はオンライン商談に対する顧客の反応だった。しかし、互いに顔も資料も見えない電話での商談が増えていたわけで、むしろ話が通じやすく、販売・受注に至りやすい。

当社が「接触頻度の向上」「商談時間の短縮」「面談準備の不要」など、顧客にもメリットが大きいことを強調した資料を作成し、数値データも盛り込んだ。社員がそれを携えて主要な顧客に伝えていった。万一の離脱を食い止める予防策である。

また、オンライン商談用の「簡易マニュアル」を作成し、それに基づいてウェブ研修を実施した。一方的なレクチャーでなく、社員のロールプレイなどのトレーニングが含まれる。

このマニュアルは商談中のパソコン画面に表示できる。営業経験の乏しい若手社員や女性社員へのナビゲーションの役目を果たす。的確で柔軟な対応が可能になることで「顧客満足度」の向上を叶えられる。

簡便性に気づいた外勤社員が内勤営業を併用する

実際にインサイドセールがスタートすると、一日当たりの「商談件数」が大幅に増え、売り上げが伸びた。一商談当たりの人件費が下がったことになる。足を運ばないので経費が大幅に落ちた。予想どおり「収支」が見違えるほどよくなった。

あまりの数字の変化に社長や役員はもちろんのこと、拠点の責任者や管理者が驚いた。

そして、これまでの「フィールドセールス」はなるべく大口顧客との高付加価値な商談に絞るように変えた。

また、オンライン商談の「簡便性」に気づいた外勤社員が進んで内勤営業を併用するようになった。何よりも自分自身が楽になる。社長が強制するまでもなくウェブ商談が他の拠点にも波及していった。導入に際しての不安はうそのように消えた。

同社では配置転換と採用抑制により「リストラ」を行わなかった。経営が切迫して営業にメスを入れたわけでない。また、もともと定着がよくない。退職者の補充を行わなかったので社員数が次第に減った。

1年ほどでインサイドセールスの運営に自信を深めたところで「不採算拠点」を閉鎖した。その都度、オフィス維持に関わる経費が消えた。

❖経過・結果

意識と風土が変わり営業の「働き方改革」が成就

当時、同社では「赤字」に対する罪悪感を持たないという以前に、不感症に近い社員が徐々に増えていた。「営業職としては致命的」と危ぶんだ社長が会議などの機会に幾度となく指摘してきたが、いま一つぴんと来ない様子だった。

しかし、創業以来初となる営業のありようの見直しを経て、すべての営業関係者の原価と利益に対する意識もかなり変わった。加えて、根性や頑張りを当てにする風土も変わり、おのずと営業の「働き方改革」が成し遂げられた。

当社は開発営業による案件育成を加速させられる「ソリューション教育」を奨めた。外勤営業と内勤営業の切り分けを行ったうえで精鋭によるフィールドセールスを強化するならば、大幅な顧客増加と売上増加を実現できると考えていた。

しかし、社長の関心は「コストカット優先」だったようで受け入れられなかった。根っからのリアリストなのだろう。また、「収益伸長の黄金比」の下半分を占める「環境整備」にも興味を示さなかった。左下に位置する「営業道具」と右下に位置する「営業情報」を用いれば高収益企業に生まれ変わる可能性は大きかったと思う。

感染拡大で営業もテレワーク、資料が商談を左右

新型コロナウイルス感染症の拡大を防止するための緊急事態宣言が発令され、移動や出社が原則として禁止された。営業活動も「テレワーク」に切り替えざるをえない事態になった。これは在宅勤務である。

当社は久し振りに社長と連絡を取った。かつてオンライン商談の効率と効果が高まるからと説明しても拒否された「営業ツール」の作成を請け負った。職場にウェブ商談が根づくにつれて重要性が分かり、利用イメージが湧いてきたのだろう。

当社は作成に際し、顧客の立場と目線に即した「顧客第一」を心がけてきた。要は、社員が顧客について語れるようにつくる。だれしも己に関する事柄に耳を傾けようとする。主役の共感と信頼を得やすい。

最重要となるアイテムは営業活動の序盤で関心を惹きつけるための「汎用提案書」である。名入れと若干の編集加工で使い回せる「汎用性」を重んじている。

また、社員のやりやすさを考え、宿題をもらうための「サーベイシート」を添えた。次回の

面談はその答に関するやり取りになるので至ってスムーズに運ぶ。

さらに、通常営業による売り上げの低下が避けられず、「新規開拓」など開発営業による売り上げの上積みが必須となっていた。しかし、社員がその入口に当たる「アポ取り」を嫌っていたので、電話で切り込むための「トークスクリプト」を加えた。

オンライン商談ではパソコン画面で表示・共有する資料の充実度と完成度が商談の進捗と成立を著しく左右する。同社の営業コンテンツとセールストークを標準化するつもりで、丁寧に練りあげた。

ＩＴやＡＩも動員し営業のニューノーマルを構築

社員はそれまで移動と資料作成などの準備に相当な時間を奪われていた。同社に限らないが正確に算出・集計すると実際に顧客と相対している時間はきわめて少ない。

ところが、テレワークにより「移動時間」のすべてを省け、ツール利用により「資料作成時間」のほとんどを省け、商談件数と商談時間の増加はもとより目覚ましい収益の向上がもたらされた。すぐに自らの売上記録を更新する社員が現れた。

想定外の在宅営業への切り替えにより一日の時間の使い方が劇的に変わり、体力の消耗も大

◆一日の時間の使い方の変化

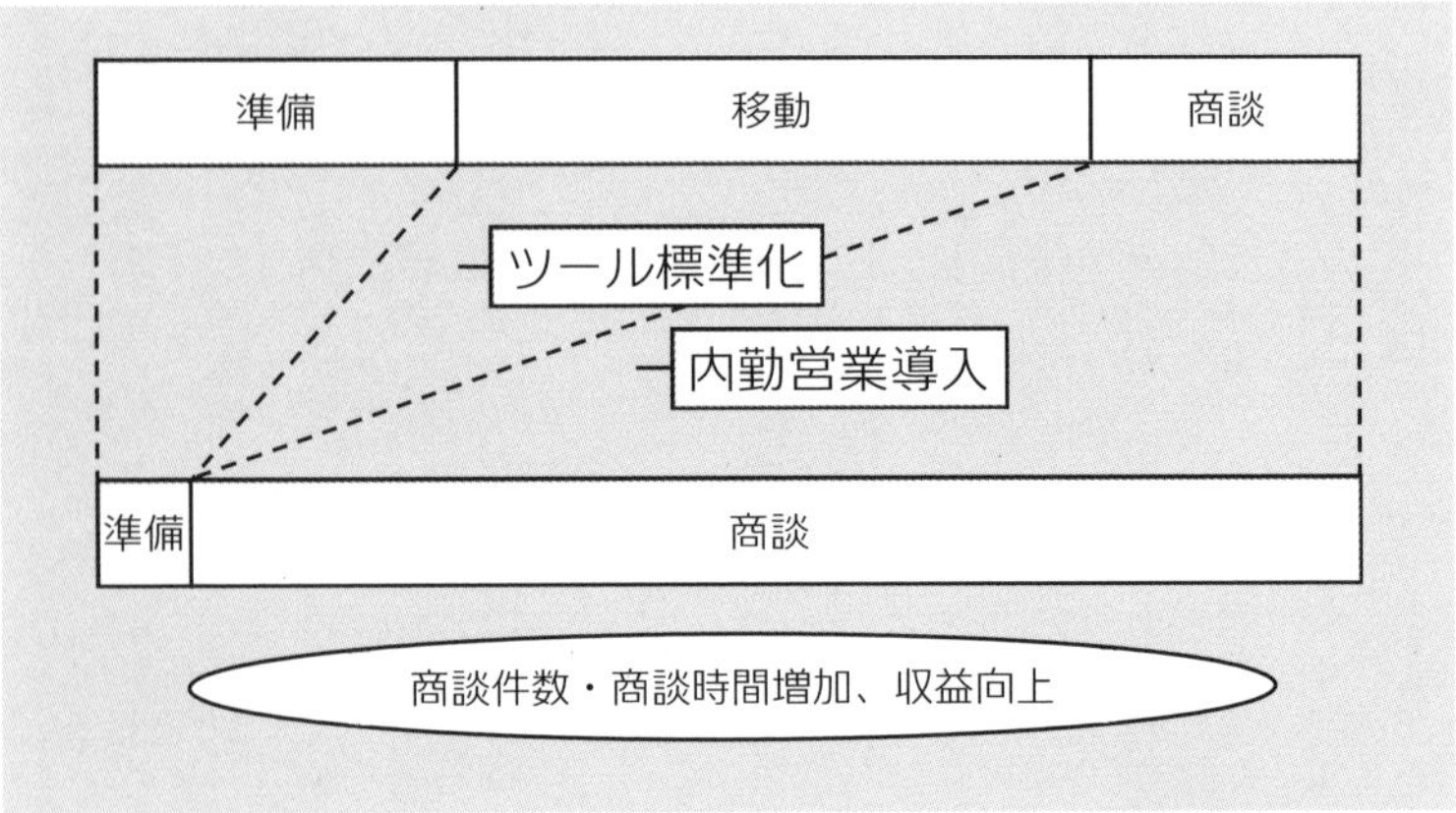

幅に減った。既存顧客への対応では暇を持て余すことになる社員がぽつりぽつりと「テレアポ」を行いはじめた。社長が口を酸っぱくして言っても新規開拓から逃げ回ってきたのに、オンライン商談も用いて取り組むようになった。

こうした望ましい事実はオンライン会議で拠点・社員に共有され、互いに刺激を与え合うという好循環が芽生えた。そうなるともうやるしかない。とりわけ商社・販社に重要な「営業風土」が活性化された。

ウェブ商談への転換に力を入れていた同社にとりパンデミックの発生がむしろ追い風となった。

長らく営業の基本とされ、だれも疑わなかった「足を運ぶこと」「顔を合わせること」が思い込みにすぎなかったことに気づいた。

おそらく多くの企業で営業ツールや営業データを絡めた「非接触型商談」の採用や並行が検討されている

はずだ。ウェブサイトやウェブ広告による「リード獲得」というインバウンドを重んじるのは時代の趨勢であるが、それ一辺倒では持続的な成長を果たせない。

同社のように「アウトバウンド」での見込客創出を大切にすることがライバルに対する優位性を築くうえで不可欠である。端的に述べれば、テレアポとウェブ商談で新規顧客の開拓を行えると「無敵状態」になれる。

営業にまつわる固定観念や成功体験が崩れた。不透明で不確実な２０２０年代に勝ち残れる営業のありようを模索する過程で、ＩＴやＡＩなど先端技術の駆使も選択肢に入ってくる。当社はそこまでおつきあいさせていただきたいと願う。

「営業で食べている会社」が営業の育成を諦める

販社も問屋もいわば「営業で食べている会社」である。

にもかかわらず当社が応じてきた経営相談で自社の営業をもっともけなすのは販社や問屋の社長だった。溜め息交じりの嘆きや愚痴を聞かされつづけてきた。

しかし、それはすべて裏返しでないのか。

第１に、社長がどれくらい営業力の強化に情熱と手間を注いできたかである。

第2に、社長がどれくらい営業の仕事を愛し、突き詰めているかである。

第3に、社長がどれくらい経営の最重要テーマが「人材育成を通じた目標達成」ということを理解しているかである。

私はいずれについてもはなはだ怪しいと思う。そうした社長は営業の育成を諦めているかのような発言、社員の成長を見切ったかのような発言を平気で行う。

過去を振り返り、会社を挙げた本気の取り組みを紙に書き出してみることを奨める。ろくに列挙できないのでなかろうか。営業会社の社長が営業に淡泊というより冷淡では厳しい市場環境で成果を上げられない。

実は、古臭い営業観が染みついているのも卸であり、常識や前例に従ってきただけである。これをきれいに洗い流すことが業績回復・業績拡大の出発点となる。それゆえ、卸においては営業強化と営業変革が同義になる。

パンデミックにより遠方の顧客、地方の顧客ほど営業の訪問を望まなくなった。同時に、高齢者などと同居する社員もリスクの高い移動を避けたがるようなった。

出張の多い問屋などでは思いも寄らない「減収増益」という決算がもたらされ、一息ついているところもある。営業活動の諸経費がきわめて大きいことが明白になった。さらに、これまでの営業活動の中身と価値がきわめて乏しいことが明白になった。

要は、社員が行こうが行くまいが売り上げが変わらない。数字を伸ばすための渾身の働きかけ・やり取りがほとんど行われていなかったことを意味する。

実は、社員の成績不振とは「このままの営業活動ではダメ」という警告である。イエローカードを渡されている状態である。自分がやっていけるかどうかは顧客が決める。相手が「生殺与奪の権」を握っている。取り引きの解消というレッドカードを出される前に営業活動のありようを改めなければならない。企業の業績不振についても同様である。

逆の言い方をすれば、ルートセールスを繰り返してきた販社や問屋は営業力を高めるだけで目覚ましい規模拡大と社業発展を叶えられる。例外がないわけでないが、私はそれくらい販社や問屋は営業のレベルが低いと感じてきた。社員に同行すれば即座に分かることだが、「役立ち」と呼べる実態がともなわない。

社長は飽和市場で手強いライバルと「残存者利益」を争っていることを肝に銘じ、社員を磨いてほしい。顧客にしろ売り上げにしろ、こちらが増やした分だけあちらは減っていく。私の経験ではトップが覚悟を決めて営業強化・営業変革に臨めば販社・問屋はあっという間に大きくなる。とことんやるべきだ。

（中堅／商社◇住宅・建材・住設・家具・什器）

7 汎用提案書データベースを整備して法人営業を後押しユニットの組み合わせで原型をつくってカスタマイズ

❖背景・状況

資料作成に時間を取られ、接触件数・時間が減る

同社は「損害保険会社」である。個人向け商品では自動車、災害、傷害、医療・介護、所得などに関わるリスクを補償している。そして、法人向け商品では経営・事業・社員・物件、損害、休業、収益などに関わるリスクを補償している。

損保会社は保険料収入に占める「自動車保険」の比重が高かった。が、当時は国内市場が成熟していた。少子高齢化の進展、外資系を中心とした通信販売の登場・浸透などの影響もあって「顧客争奪戦」が激化していた。とくにクルマの所有から利用への変化、若年層のクルマ離れを背景に主力の自動車保険が落ち込んでいた。

「売上（契約）＝商品力（売り物）×営業力（売り方）」である。損保業界は自動車保険中

▽提案書データベース整備
フォーマット設計
ユニット作成・パーツ標準化
▽営業生産性向上
提案書作成省力化
提案書質的向上
プレゼン効率・効果向上
成績不振者底上げ
営業未経験者戦力化
▽提案営業講座連載
社内・代理店向け機関紙

心では生き残りがきわめて厳しくなっており、同社も商品の拡充や開発に取り組んでいた。それと並行させ、営業社員による働きかけが決め手となる「法人向け保険」の販売に力を注ぎはじめていた。

しかし、社員は営業活動に必要な「資料作成」に多くの時間を取られ、肝心の見込客との接触件数・時間が減るというジレンマに陥っていた。それが契約を伸ばすうえで大きなネックになっていた。

❖施策・措置

デスクワークを削減しプレゼン・成約件数を増加

経営企画室室長・スタッフなどが当社主催の『営業変革セミナー』や『提案営業セミナー』を受講した。ほどなくして連絡が入り、当時は不便な場所にあった当社にわざわざご足労くださった。

そして、長時間に及ぶ話し合いを行った。人材が集まる本社のなかでもエリートであり、直面する苦境を打破する業務改革推進室の役割も兼ねていた。最優先で解決すべき課題として当社に示されたのが、営業活動の効率と効果の改善だった。「営業生産性」の向上である。

確かに、これを果たさずに保険料収入を伸ばそうとすると労働時間を長くするか、営業社員を増やすほかにない。しかし、どちらも営業コストの増加につながり、振るわない収益を一段と圧迫する。

結論を述べれば、同社にとり初となる本格的な「汎用提案書データベース」を整備することになった。厳密な意味での個別対応が必須となる大型案件を別にするなら、「基本形」のアレンジで済ませられる営業活動も少なくない。

それにより、営業社員のデスクワークを減らせるだけでなく、プレゼンテーションの件数と成約の件数を大幅に増やせる。

カスタマーファーストが身につく提案書に仕立て

当社は長年にわたり業種を問わず「汎用提案書」の作成を請け負い、水平展開のノウハウを蓄積してきた。同社のデータベースの整備では、営業社員が作成した膨大な点数の既存提案書を読み込んで解析する作業から始めた。

残念ながら自社第一の推奨資料に留まり、顧客第一の提案書に達していなかった。あらかじめ売る商品を決めたうえで、そこへ向けて話すことを組み立てるというつくりになっていた。手っ取り早く売りたい、うまく売りたいとの本音はかならず相手に伝わる。

私が提唱する提案書の条件は「顧客理解」を踏まえたうえで商品推奨に進む手続きを尊重することである。営業活動において自社第一へ走るのを防ぎ、「顧客第一」に徹するような工夫を凝らしている。平たく言えば、商談に入る前に「相談」に乗る。

住宅やクルマなどの高額商品でもそうした傾向が強いが、社員が顧客から選ばれることが先決となる。そのためには「カスタマーファースト」の営業姿勢を貫き、共感と信頼を培っておかなければならない。

当社は単に簡便に終わらせず、営業社員が用いるなかでそうしたマインドがおのずと身につく提案書に仕立てた。

雛形の編集加工で提案書の作成省力化・質的向上

既存提案書の解析では社員がどんな市場・顧客にどんな商品をいかに提案しているかなどの特徴をつかんだ。そして、同社にとり最適な提案書の構成を突き止め、統一的な「フォーマッ

◆汎用提案書データベースの整備と活用

全体設計	最適な構成を突き止めて、「フォーマット」を設計
重点対象	「市場」ごとに求められる「商品」を選定し具体化
パーツ化	嵌め込む内容の選択肢としての「ユニット」を作成
組み立て	顧客に応じユニットを組み合わせて「原型」を作成
持ち込み	情報収集を踏まえた若干の「編集加工」でプレゼン

ト」を設計した。

さらに、該当箇所に嵌め込む内容の選択肢としての「ユニット」を作成した。汎用性の高い提案書の「パーツ化」にほかならない。

当社は販売データも参考にしつつ、保険料収入を獲得できる余地が大きい重点市場を定めた。おもに工事業、運送業、製造業、販売業、飲食業、サービス業、IT業の顧客だった。

こうした市場ごとに求められる損害保険サービスは異なる。そこにきめ細かく対応できる重点商品を定めた。実際には、この具体化を経てから先のパーツ化を行うことになる。

法人向けでは提案内容の「カスタマイズ」が必須となる。顧客の特性や状況、条件や要望に応じ、ユニットを組み合わせて提案書の「原型」を作成する。手本となる雛形、テンプレートである。

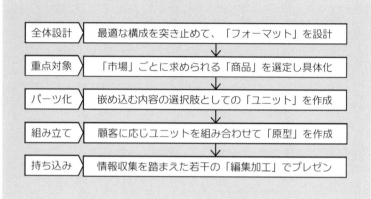

社員は情報収集による顧客理解を踏まえて、若干の「編集加工」を施すことで堂々たるプレゼンテーションに持ち込める。提案書の作成省力化と質的向上の両立が図られ、提案の件数が一気に伸びる。成績不振者や営業未経験者も数字づくりが容易になる。

こうしたナレッジの作成・更新・管理は専任部署が一元的に行い、だれもが端末を通じてアクセスできる環境としてブラッシュアップした。

データベースの導入に先立ち、提案への基礎的な理解を深めるとともに提案書の有効な利用を促す狙いで、私が社内や代理店向けの機関誌に『提案営業講座』を連載した。

提案書データベースの構築に当たってのポイント

提案書データベースの構築に当たってのポイントを明らかにしたい。

保険会社などの大手だから実現できたと勘違いしないでほしい。企業規模にかかわらず社長や営業統括役員が決断を下すだけである。技術上の困難も費用面の負担もない。

例えば、素材系の食品会社では新規開拓を含む開発営業のほとんどが「用途提案」になる。そこで、社員が作成した提案書のなかから出来のいいものをピックアップしてデータベースに収めている。

そして、自分が関わる顧客や案件にマッチした提案書をダウンロードし、それに編集加工を施してプレゼンテーションで使い回す。

ちなみに、提案書データベースを構築する前提条件は以下の3つである。

第1に、会社として統一のフォーマットを設計する。提案内容という中身を盛りつける提案書という「器」が共通の仕様になっている。最悪なのは個々の社員が好き勝手なフォームとシナリオでまとめることだろう。構成と順序と言い換えられる。

ほとんど知られていないが、生産性向上や働き方改革の取り組みのベースに横たわるのは同じ会社や職場で働く仲間に対する「愛情」である。いまや常識であるが、提案書は後輩などの同僚が再利用するということを念頭に置いて作成する。自分の凄さをアピールするためにつくらない。成績優良者ほど心に止めるべきである。

第2に、提案書の出来をよくする。なぜなら、データベースに収められた提案書は「模範」と見なされる。ついては、提案内容そのものの「価値」を厳格に問う。すなわち、顧客にとってのベネフィットである。

実は、多くの企業で言うところの提案書の大多数は単なる「推奨資料」である。売りたくて取りまとめたにすぎない。

専任でなくて構わないので、スタッフが提案内容の価値と提案書の出来を的確に評価する。

職場から上がってくる提案書がそれなりに貯まったところで、ソリューションに通じた営業関係者がピックアップする。

第3に、提案書を商品群・市場別に分類するなどし、社員が必要とする提案書にアクセスしやすくする。ならば、自分が関わる顧客や案件に応じて複数の提案書を選択し、それをアレンジして一つの提案書に融合する賢い社員も出てくる。

なお、セキュリティのためにも「利用履歴」が残るようにする。これにより利用頻度の高い提案書を提供した社員の人事考課に反映させられる。知見の開示に弾みがつく。

以上。ソリューション系なら法人営業・個人営業を問わず、提案書データベースの構築が急務である。社員のデスクワークを最小限に抑え込む。

そもそも個別性はもちろん、独創性や優位性が溢れる提案内容を練り上げるなどということは滅多にない。社員はたいていありふれた提案書をつくっている。

したがって、実際にはデータベースの整備でなく、「汎用提案書」の提供の範囲で済ませられる。社員がその都度、パワーポイントでゼロから作成する状態はただちに解消する。当社が営業ツールのなかでも汎用提案書を最重視する理由もここにある。

こうした打ち手は「収益伸長の黄金比」の左下に位置する「営業道具」を充実させることにつながる。また、とくに優れた提案書は右上に位置する「営業指導」の手本、さらに左上に位置する「営業教育」の教材に用いることができる。数字への直結度を合計すると「90%」に達する。

念を押せば、営業生産性の向上もソリューションの駆使も市場競争が激化する2020年代に勝ち残るうえで必須となる。

❖経過・結果

損害保険業界は合併や統合による大型再編が加速

損害保険業界は21世紀に入り、合併や統合による「大型再編」が加速した。かつては日本のあちこちに多くの損害保険会社が存在したが、瞬く間に名前が消えていった。

同社は後年、生き残りをかけて合併を繰り返すなどして今日に至る。「3大グループ」に集約された損保会社が売り上げの大部分を占めるようになっており、様変わりである。

しかし、それでも覇権争いは一向に止む気配がない。契約を獲得するための手段や経路、窓口も多様化している。

かつては安定度の高かった損保業界だが、次なる「成長の種」を見つけようとどこも必死になっている。

近年ではサイバーやネットでの被害の頻発、地震や豪雨による災害の多発など、リスクの増加が止まらない。

個人向けでも法人向けでも脱自動車保険を目指しており、「創造的破壊」による環境適応を成し遂げようとしている。

さらに、国内で過当競争を繰り返しているばかりではじり貧をまぬかれない。国外に打って出ようとの動きも目立つ。とはいえ、世界市場では巨大企業と激突することになる。そうした難敵と伍するためにも生損保の「枠」を超えた再編が相次ぎそうである。

生保営業は非接触型の新規契約件数の増加が急務

ここで生命保険会社の営業に触れておきたい。

パンデミックの発生で社会的にも経済的にも人同士の接触が制限され、社員が顧客に対する営業活動をかけにくくなった。生命保険業界でも対面営業ができにくくなり、新規契約件数が激減しているとの報道を見かけた。

すでに定着した通信販売は除き、ソリューションを用いるとしても「リレーション」を重んじてきた業界である。しかし、「足を運ばない営業」「顔を合わせない営業」により新規開拓で成果を収めることが求められている。

各社はこれまでのフィールドセールスに頼らず、リモートワークを含むインサイドセールスでの「非接触型営業」の強化を急いでいる。

最初と途中は「ウェブ商談」で進め、契約は「リアル商談」で行うスタイルも珍しくなくなる。むろん、序盤はウェブ商談と電話商談・メール商談を併用することもある。

そのためには社員が顧客の疑問や不安を解消しつつ、丁寧に納得を引き出していかなければならず、決して簡単ではない。

とはいえ、移動時間が減って一日当たりの接触件数・時間を増やせるのであながち悪いことばかりでない。営業経費も減り、収支もよくなるはずだ。

実は、ウェブ商談では提案書に代表される営業ツールの完成度と充実度が成約を著しく左右する。こうした資料を成り行きや状況に応じてデータベースから呼び出し、画面で共有してやり取りを深めることができる。

顧客が視線を注いでいる個所をヒートマップで教えてくれ、関心のありかや度合を示してくれるので商談の進捗を促しやすい。

非接触型営業の最大のメリットは、最先端の機器や技術を用いることで一握りの成績優良者に属する良質な営業ノウハウの蓄積と共有が可能になることでなかろうか。

報酬に占めるインセンティブの比重が大きく、社員が契約などの営業成績を激しく競っている業種・企業ではとくに有効である。上位者ほど苦労の末につかんだコツを自分一人に留めておきたいと考える。お人好しは別にし、どうしたら勝てるかをライバルに教えない。

損保だけでなく生保においても営業のデジタル化が急速に浸透する。

（大手／損害保険◇金融・銀行・保険・証券）

8 テレアポ成功率が改善、初回面談セッティングが急増
営業ツールとウェブ商談で有望度の高い見込客に限定

❖背景・状況

引き合いが減り、待ちの営業を改めて新規開拓へ

同社はオフィス向けに「福利厚生サービス」を提供している。福利厚生に関わるコンサルティングやアウトソーシングは2000年代前半に続々と誕生した。同社は後発ながら、独自の切り口で顧客を獲得した。

営業エリアが主要都市へ広がり、10拠点以上を開設していた。専任以外を含め、営業活動に従事する社員が数十名に達していた。

当時は保育や介護、ワーク・ライフ・バランスなどが社会課題として注目を浴びていた。それまで福利厚生に力を入れていなかった中堅・中小企業からの引き合いに対応するだけで業績が伸びていった。

▽提案営業研修
いろは習得
テレアポ研修エッセンス
▽営業ツール作成
トークスクリプト
汎用提案書
おみやげ
▽ウェブ商談導入
簡易専用マニュアル作成
ロールプレイ指導
▽営業プロセス設計
行動指針
コアコンテンツ
▽営業尺度作成
行動規範
▽営業帳票作成
行動指標
面談有効度設定
▽全社営業会議運営
議長代行
案件進捗追跡
▽OJT定着
同席営業・同行営業
成果直結
▽テレアポ開始

施策としてはホームページやソリューションサイト、ニュースリリースやウェブ広告による「リード獲得」で十分だった。が、そうした追い風が吹く状態はいつまでも続かなかった。

さらに、類似サービスを提供する競合他社が現れた。

同社はストック型のビジネスモデルを築いており、社長をはじめとして皆が「会社の存続は大丈夫」と考えていた。安定収入が約束されていることが営業社員の意識に甘えと油断が生じる原因になった。

やがて引き合いが減ったうえに、サービスの削減や解約に踏み切る顧客が増え、業績が右肩下がりに転じた。焦った社長がそれまでの待ちの営業姿勢を改め、新規開拓に打って出ることを宣言した。

社員がテレアポで惨敗、社長が新サービスを開発

ところが、営業社員がさっぱり動こうとしなかった。大きな

リスト生成
汎用提案書名入れ送付
予告・追跡架電
初回面談セッティング

ストレスを感じ、ブレーキを踏んだ。新規開拓の入口となるのは「テレアポ」であるが、それを毛嫌いするという成果が上がる以前の問題にぶち当たった。

それぞれの職場で「テレアポの日」を設けるといった対策を講じたが、架電件数を増やしても初回面談の約束をほとんど取りつけられなかった。けんもほろろの対応に耐えきれず、若手社員や一部の中堅社員が会社を去っていった。また、苦労してたどり着いた初回面談でもその場で断られてばかりいた。

社長は惨敗続きのテレアポを目の当たりにし、同社が提供してきた福利厚生サービスへの関心が急速に薄れていることに気づかされた。顧客ニーズがシフトしていた。

実は、同社が対象としてきた総務部門や人事部門においては求人難による「人手不足」が深刻になり、企業規模を問わず採用に相当な予算を割いていた。

そこで、社長は「採用支援サービス」を開発することで成長の勢いを取り戻そうと考えた。これなら新規顧客の獲得をスムーズに行えるだけでなく既存顧客の売り上げをプラスできる。一石二鳥だった。

❖施策・措置

新サービス提供で商品力を高めても営業力が低い

社長が経営者の集まりに参加した際、営業変革や商品変革に携わってきた当社の存在を知って経営相談を寄せてきた。

初回に見せていただいた「商品企画」は細部にわたって内容がしっかりと詰められていた。もともと斬新な発想で事業を展開し、成長軌道に乗せてきただけのことはある。

しかし、当社は「これは大変！」と感じた。確かに採用関連市場は規模が大きいが、著名企業を筆頭に無数のライバルがひしめいている。同社が依存してきたウェブやパブリシティも簡単に効かない。マス媒体を使うなど、見込客への周知にかかる費用も膨らむ。

社長は新サービスのリリースに喜びを抑えきれないといった様子だった。高揚した気分に水を差すようで申し訳なかったが、想定される困難を明らかにした。

結論を述べると、社員の果敢な「開発営業」で粘り強く売っていくほかに活路を切り拓けない。この開発営業には新規開拓に限らず比較的やりやすい既存深耕・既存拡大が含まれるが、それとてもたやすくない。

となると、新規顧客どころか既存顧客に対しても社員がつまずいたテレアポで働きかけなければならない。なぜならば、予算の権限を持つ決定権者やキーマンとの面談が商談成立の前提条件となる。

当社は社長に「売上＝商品力（売り物）×営業力（売り方）」の数式を示した。売り物と売り方は売り上げの両輪に当たり、5段階で表す。

商品力は5点に近いが、リリース後すぐに追随する競合商品が現れて相対的に下がる。かたや営業力は2点に届かない。掛け算すると当初は10点に迫っても、ほどなく数点に落ちる。何とかやっていける売り上げを得られるのは9点である。

当社の経験を交えて話をするうちに社長の表情が曇っていった。

テレアポによる初回面談のセッティングが勝負！

ちなみに、当社は事業意欲が旺盛な企業については、社長とじかに話し合ったうえでテレアポを請け負うことがある。問い合わせがあった時点でホームページを開き、商品を見ながら要望を伺っている。

テレアポでは「売上＝商品力×営業力」の数式の売上を「成果」と置き換える。実際にやってみなくてもどれくらい初回面談のセッティングが可能かを推察することができる。この読みはほとんど外れない。

当社は代行業者でなくコンサルタントなので売り上げづくりにフォーカスし、権限と興味を持つ見込客に絞って引き渡す。クライアントの「目的」は初回面談の件数でなく成約の金額である。単に見込客の量を増やすと社員を振り回すことになる。

当社は大手企業などを対象に『テレアポ研修』を数多く行ってきたこともあり、豊富なノウハウを保有している。手前味噌になるが、当社がテレアポを代行する際には営業力が4点を下るということはない。

したがって、商品力が4点以上ならば「16点」になり、面白いように有力企業の上層部とアポイントを取りつけられる。決定権者やキーマンが対象である。

しかし、3点ではかけた手間や費用に見合った成果を出せない。そうなるとクライアントに不満が残るので仕事をお断りしている。あらかじめ明確な手応えを感じられるテレアポのほかは引き受けてこなかった。

ただし、訴求を尖らせて「魅力」を磨くことで商品力をいくらか引き上げられる。そうした努力により、過去に商品力が4点に満たなくても目覚ましい成果が上がった事例もある。

同社は営業力を高められるならテレアポの成功率を高められる。当社は初回面談のセッティングが勝負になると社長に伝えた。

ただちに提案営業研修を実施、営業ツールを整備

社長は新規開拓の挫折を経て、社員にそれを推し進める営業力がないことを嫌というほど思い知らされた。そこで、ただちに『提案営業研修』を実施することで合意に達した。

ただし、運営事業・提供サービスの性格上、社員は知的水準がそれなりに高いと感じたので2日連続の基礎講座で済ませることにした。顧客の業務上の「課題」を突き止め、最適かつ有効な「解決策」を投げかけるためのいろはに当たる。

これはテレアポと関係がないと思うかもしれないが、そうでない。後に述べる「トークスクリプト」に沿って架電を行うが、社員がいかに臨機応変に組み立てられるかが問われる。棒読みで初回面談の約束を取りつけられるわけでない。新サービスの開発営業では顧客目線に基づき、コンサルティングマインドとソリューションスキルを発揮しなければならない。

なお、同社では提案営業研修に『テレアポ研修』のエッセンスを半日で詰め込んだ。社員がコツを身につけていないと成功率が高まらない。

当社は同時期、開発営業の成果を高めるために、とりわけ新規開拓を後押しする「営業ツール」の作成を請け負った。といっても、ベーシックアイテムに限って整備する。

第1に、見込客に切り込むための「トークスクリプト」である。課題仮説に即して「貢献の

テーマ」を訴えて上層部の心を射止める。テレアポで用いるほか、既存顧客の訪問時に面談を申し入れる際にも使える。

第2に、開発営業のおもに序盤で上層部の関心を惹きつけるための「汎用提案書」である。決定権者やキーマンが立ち会うのなら初回面談で用いてもよい。また、後に詳しく述べるが、テレアポの成功率を高めるための事前送付の「私信」に同封する。

第3に、見込客とつながるための「おみやげ」である。優良顧客・大口商談の取り込みには上層部に幾度か「通う」ことが条件となる。継続面談を助ける「話材」と言い換えられる。緩やかな意味での役立ちの観点から選んだ情報提供を通じ、「面談に応じてよかった」と喜んでもらう。

以上。開発営業で至難なのは初期段階である。「新規開拓をやれ」と命じるだけだと社員は「距離短縮⇩関係形成⇩情報収集」へ進めない。

社長がウェブ商談でのインサイドセールスを導入

当社は初めに社長から「インサイドセールス」を取り入れる意向を聞かされていた。新サービスのリリースに合わせて導入するというのは既定事項だった。社長は営業強化だけでなく営業変革の必要性を理解していたことになる。

これは「内勤営業」であり、おもにオンライン商談システムを利用した非接触型の「ウェブ商談」になる。むろん、電話やメールで済ませる商談も含まれる。

それに対し、ほとんどの企業が行ってきたのが「フィールドセールス」である。これは「外勤営業」であり、接触型の「リアル商談」になる。社員が実際に顧客へ足を運び、顧客と膝を交える。

同社はそれまで問い合わせが入った見込客に社員が出向いていた。おおよそ全国に及ぶので労力と時間、費用が大変だった。そこを踏まえ、テレアポを行ったうえで初回面談を非接触型のウェブ商談で済ませることにした。そして、有望度が高いと判断すれば接触型のリアル商談に臨む。

つまり、新規開拓の働きかけを原則として「テレアポ⇩ウェブ商談⇩リアル商談」という三段階にする。おのずと初回面談における無駄足や空振りが減った。

やがて既存深耕・既存拡大の働きかけもウェブ商談で行う社員が現れた。一日当たりの商談件数を数倍に増やせる。見方を変えれば、一商談当たりの人件費を数分の1に抑えられる。交通費や宿泊費も不要になる。新規開拓と合わせて効率も効果も格段に高まった。

このインサイドセールスにはフィードルドセールスと異なる特有のコツがある。当社は社員がスムーズに行えるようにウェブ商談のポイントを押さえた「簡易専用マニュアル」を作成した。そして、これをテキストとし、営業ツールを手本として用いてロールプレイを行った。レクチャーを最小限に留め、自社と顧客という役割分担に基づいた「模擬商談」を重んじた。社員が自然に使いこなせる水準までトレーニングを繰り返した。

なお、このマニュアルはパソコン画面に表示することもできるので、成績不振者や営業未経験者へのナビゲーターの役目も果たす。

ウェブ商談ではパソコン画面で共有する資料の出来がその成否を著しく左右する。当社は営業ツールの作成に当たり、オンライン商談システムでも利用しやすいように仕上げて納入している。社員は必要に応じて簡単な編集加工を施すだけで済ませられる。

営業プロセスを設計、営業帳票を作成して後押し

ほぼ並行し、当社は「営業プロセス」を設計することを請け負った。この後で述べる営業尺度と営業帳票を作成する一連の作業が含まれる。

このプロセスは「営業ステップ」と「営業アクション」から成り立つ。新規開拓のスタートからゴールまで、それぞれの段階でどのような行動を取るかという「行動指針」である。顧客

接点での働きかけ・やり取りの目安にほかならない。フィールドセールスでもインサイドセールスでも基本はさして変わらない。これは数字づくりのコアコンテンツとなる。

同社はソリューション系のＢｔｏＢ営業に共通する特徴を有しており、プロセスの設計で大きな壁にぶつかることはなかった。

そして、当社はプロセスを精細化して「営業尺度」を作成した。数字という結果をもたらす行動という原因の標準化であり、「行動規範」と言い換えられる。

それゆえ、会社としての「簡易営業マニュアル」を兼ねる。さらに、上司が部下を評価する際、部下が自分を評価する際の「営業チェックリスト」を兼ねる。

さらに、当社はプロセスを精細化して「営業帳票」を作成した。数字という結果をもたらす行動という原因の数値化であり、「行動指標」と言い換えられる。

そのキモとなるのは、「面談有効度」を設定することである。予算目標というＫＧＩにたどり着く過程の「ＫＰＩ」に当たる。顧客接点での働きかけ・やり取りが販売・受注に結びつく「確度」を表す。

この面談有効度を構成するエレメントを突き止めたうえで営業帳票に落とし込む。すでに述べた営業プロセスはその最重要の要素であり、やはりコアコンテンツとなる。営業帳票は日々記入するのは当然とし、毎夕の日次報告、毎月の営業会議などで使用する。

営業尺度と営業帳票の利用が現場で定着するにつれ、同社がもっとも望んだ新規開拓が盛んになり、その成果が伸びていった。

営業会議の議長代行、帳票利用で案件進捗を追跡

当社は部門・拠点の責任者を招集して月例で開催される全社営業会議の議長代行を引き受けた。おもに新サービスを絡めた新規開拓による案件進捗を追いかけた。

同社では原則として営業統括役員が会議を運営し、社長が補佐するという役割分担だった。しかし、創業オーナーは権力が絶大であり、成長が頭打ちになってからは責任追及の修羅場になり、しばしば「独演会」の様相を呈した。

参加者は「針のむしろ」に座らされた状態であり、もっとも憂鬱な一日と化していた。身をこごめて怒りの嵐が頭の上を通りすぎるのを待っていた。

そこで、当社はこうした営業管理を「営業支援」へ改めた。数字という結果をもたらす行動という原因を助けることに徹した。これしきのことで会議の雰囲気が明るくなり、モチベーションが上がった。

社長や上司が社員や部下より高い給料を受け取れる正当な理由はたった一つしかない。社員

や部下を助けるからである。そうした人間が組織の長に収まるのが一番うまくいく。皆がハッピーになる。

そもそも結果の管理は行えず、「把握」が関の山である。月末や年度末に出てしまった結果は「後の祭」であり、変えようがない。

ついては、当社はこの帳票を全社営業会議で検討材料として用いた。部門・拠点ごとに開発営業の取り組みが浮かびあがる。そして、責任者はこれを手本にし、自分が率いる職場で営業会議を行った。やはり部下ごとに開発営業の取り組みが浮かびあがる。

さらに、一人ひとりについて商談成立に至るどのステップのどのアクションに問題があるかという「阻害要因」を突き止められる。したがって、上司は弱点や欠点などに限定してピンポイントで強化することができる。指導の負担も軽減する。

こうして同社では全組織・全社員の数字づくりの状況が共有された。進行中の主要案件について面談有効度を算出することで先々の収益形成や年度末の予算達成を見通せる。それぞれの意欲や実態がグラフでビジュアル化されるので、組織間・社員間の競争心も刺激される。

成果直結のＯＪＴが内勤営業、外勤営業へと浸透

本社は社員が大型ビルのワンフロアに収まっていた。そうしたオフィスの条件がオンライン商談システムを用いたインサイドセールスの導入の効果をより一層高めた。

フィールドセールスでは上司が同行営業をかけないと的確な指導を行えない。部下に商談の記憶が鮮明に残っているうちに助言を与えることができない。

ところが、インサイドセールスでは営業力に不安のある部下や有望度の高そうな案件に関与できる。当人のそばで「同席営業」をかけるだけでいい。上司がアドバイスできる部下の人数も商談の件数も増やせる。

オンライン商談システムの際立った利点は社員と顧客のやり取りを再生できることである。画像や音声の保存が難しくても、ＡＩによるサマリーが自動的に残る。

さらに、当人が後から客観的に振り返れる。また、同僚や上司が後から確かめられる。こうしたＯＪＴは集合研修に代表されるＯｆｆＪＴより成果直結の気づきを断然得やすい。それが日常光景になれば職場でおのずと営業ナレッジが共有される。

このほかに、事前に予想しなかった好ましい変化が起こった。上司のインサイドセールスへの関与が増加するにつれ、フィールドセールスへの支援が定着していった。

自分がプレイするよりも部下をサポートするほうが組織全体の業績がはるかによくなることを実感した管理者が先を競うようにＯＪＴに打ち込みはじめた。当社が理屈で重要性を説いても一向に動こうとしなかったマネジャーたちである。

テレアポが一斉にスタートし、新規開拓に弾み！

プロローグで述べた「セールスイネーブルメント」の概念に照らせば、①営業教育は集合研修＝ＯｆｆＪＴ、②営業指導は現場訓練＝ＯＪＴ、③営業道具は営業プロセス具現化＝標準セールストーク、④営業情報は営業プロセス精細化＝営業尺度&営業帳票となる。なお、営業尺度は集合研修のテキストや現場訓練のチェックリストにも用いられる。

同社は新サービスのリリースに合わせ、こうした「収益伸長の黄金比」を構成する4要素をおおよそ揃え、新規開拓を活発化させられるスキームを構築した。いよいよ職場を挙げて新規開拓の入口となるテレアポを一斉にスタートさせた。

ついては、当社が同社で指導した優良顧客を狙い撃つテレアポの留意点を示そう。

真っ先に「テレアポリスト」を生成した。リストの精度がテレアポの成功率を大きく左右する。

同社は法人営業であり、おもに企業は中堅や大手、部署は総務や人事を対象にしている。責任者が載っている名簿を入手することができる。組織でなく「個人」にアプローチすることが重要になる。

そして、汎用提案書の表紙の左上に社名と肩書・氏名を入力する。いわゆる「名入れ」である。その上に手紙を載せて白封筒に入れ、「私信」に見えるようにして送付する。社封筒を使うこともないわけでないが、DMと見なされやすい。

細かい話をすれば、提案書の表紙はA４判・縦位置である。提案書の本体はA３判・横位置であり、「谷折り⇩山折り」でA４判に畳み、原則として１枚とする。参考資料が多ければ４枚までとする。手紙はA４判・縦位置であり、原則として１枚とする。

必要に応じて手書きの「付箋」を貼る。これが案外、効く。

汎用提案書でも汎用手紙でも、目を通した相手がなるべく自分宛ての個別提案書と個別手紙と感じるように仕立てる。特別感などの演出を工夫する。当然ながら、宛名をラベル貼りにしない。送付物の閲読率が大切になるが、その前に開封率を高めることを考える。

そのうえで、原則として私信が到着する前日に予告の電話をかけ、私信が到着した翌日か翌々日に追跡の電話をかける。そうなると、私信が相手に届くタイミングは火曜日か水曜日が理想的である。

架電はホームページを見ながら行う。決め手は「カスタマーファースト」であり、当社はそれに基づいてトークスクリプトを作成している。自らについて語ると自社第一のテレアポにな

◆優良顧客を狙い撃つテレアポの留意点

名簿生成	組織でなく個人にアプローチ。リストの精度が重要
私信作成	名入れした汎用提案書と手紙を白封筒に入れて送付
演出工夫	自分宛てと感じる特別感などで開封・閲読率を向上
架電時機	私信の到着前の予告電話と到着後の追跡電話の2回
架電話法	ホームページを見ながらスクリプトをカスタマイズ

り、相手について語ると顧客第一のテレアポになる。人はたいてい自分の話が気になる。

とはいえ、トークスクリプトは土台となるシナリオにすぎないので「カスタマイズ」に努める。

直前に社長挨拶・代表メッセージ、ビジョン・ミッションほか関連ページに目を通しておく。ここには顧客が大切にする理念や目標などが示されており、そうしたキーワードをトークに取り入れる。なぜならば、顧客はそれを否定することができない。

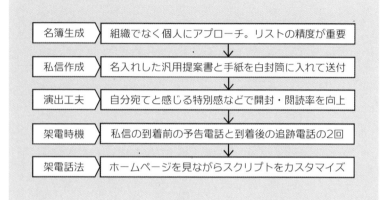

そして、テレアポで関心をつなぎ止められたら、なるべく時間を空けずに非接触型の「ウェブ商談」に持ち込む。ただし、先方が接触型の「リアル商談」を強く望む場合には別である。

トークスクリプトはウェブ商談の冒頭の切り出しにも用いる。パソコン画面に表示するとやりやすい。課題仮説を踏まえた「貢献のテーマ」の訴求は新規開拓における王道である。

説明を補うなら、大手企業の社長や主要都市の首長など「大物」の一本釣りでは手紙の文面を手書きのオリジナルにする。これだけでも大変であり、なおかつ心が通じるまで送りつづける覚悟が必要になる。

当社は長年にわたりテレアポ研修やテレアポ自体を引き受けてきたのでいろいろなノウハウを保有しているが、基本はいま述べたとおりである。相手に役立ちたいという思い、相手に会いたいという本気が伝わることを最重視する。テクニックに走らない。

同社では徐々に社員が初回面談をセッティングするテレアポのコツをつかんでいった。やはり場数がものを言う。

❖経過・結果

中小から大手へ規模別売上構成比の中心がシフト

同社は後発だったので、先行する競合他社が大手・中堅の優良顧客を囲い込んでいた。

しかし、新サービスのリリースと新規開拓の活発化をきっかけに、少しずつ食い込めるようになった。実は、採用関連サービスに留まらず、創業以来の福利厚生サービスについても受注を伸ばした。

これは顧客ニーズの変化に気づいた社長が隣接・周辺サービスの拡充により商品力の強化を推し進めたことも効いている。頭が柔らかく、アイデアが湧いてくるタイプだった。それを次々と実行へ移していった。

当該市場はもともと契約更新率が高かったこともあり、売り上げもより一層安定した。すぐに業績が「右肩上がり」に転じた。

久し振りにホームページを覗くと、導入実績として見覚えのある「ロゴマーク」がずらりと並んでいた。おそらく中小から大手へ企業規模別の売上構成比の中心がシフトした。

さらに、顧客の顔写真が「喜びの声」とともに載っていた。こちらは成功事例を紹介するホワイトペーパーに当たる。

こうなるとアクセスが増えてリード獲得につながり、社業発展の好循環が生まれる。すでに中小企業から中堅企業に成長している。同社の事業はトレンドに沿っていることもあり、先行きに期待を持てる。現時点で社長に株式上場の意思はなさそうだ。

テレアポが習慣になると営業が強い会社に変わる

ほとんどの企業にとり、新規開拓を盛んにするのは創業以来の変革となる。通常営業に染まっていた会社では「事件」に匹敵する。実は、やれと言ってもやらないのかもしれない。新規開拓の達人を営業統括役員・部長に迎え入れるくらいの措置が必要だろう。

それが困難ならばテレアポや新規開拓などの「営業代行」の手腕を導入しつつ、社員にノウハウを移植する。彼らに任せるのでなく、社員が彼らと一緒に取り組むことが決定的に重要である。社外に頼ったら社内に残らない。

自分たちだけで新規開拓の活発化、まして顕著な成果創出を図ろうとすると果てしない歳月がかかる。代行利用は社業発展に要する時間を買うイメージといえる。

世の中に「営業が強い」とされる会社がある。多少の景気後退や市場縮小、競争激化などの環境変化にびくともしない。そして、そうなるのは決して大変なことでない。社員が新規開拓を習慣にするだけでいい。

とりわけテレアポは高収益・高賃金企業では当たり前の光景である。業績不振企業ほど営業強化を複雑に考えすぎている。がっかりするほどシンプルであり、社員がテレアポをやれる会社が「営業が強い会社」である。ついては、代行のやり方を真似する。

当社はテレアポをやっているうちにやれるようになったというだけのことである。ほかに理由はない。場数を踏むことが先決であり、コツはおのずと身につく。基本形を身につけながら臨機応変にシナリオを組み立てる。

なお、テレアポで立ちはだかる壁はたくさんあるが、たいてい断りは幾つかに集約される。それをどう乗り切るかというロールプレイを主体としたトレーニングは積んでいる。

とはいえ、テレアポが年々難しくなっていることは当社も実感している。パンデミックの発生以降は一段と難しくなった。

当社はテレアポを請け負っているが、クライアントと話し合いのうえでなるべく社員を巻き込み、当社と社員が互いに励まし合い、成果を競い合いながらテレアポを推進する方式を取るようにしている。成功の喜びだけでなく、失敗の苦悩、手法の改善について情報を共有している。それにより社員に第一級の実力が培われるとともに大きな自信がつく。

私は社長にテレアポ代行や新規開拓代行の利用方法を考えてほしい。彼らに「丸投げ」するかぎり、営業が強い会社になれない。いや、むしろ営業が弱い会社になる。

ほんの数人の社員がテレアポを絡めて優良顧客の新規開拓を行えるようになるだけでとくに地方企業や販社・問屋は営業エリアの拡大、新規拠点の開設を思いどおりに叶えられる。さらに、新規事業の立ち上げや新規商材の導入をわずかな期間で軌道に乗せられる。

（中小／福利厚生◇医療・医薬・介護・福利厚生）

9 創業以来の常識否定、ショック療法で営業活動を刷新 ゆるゆるなあの組織風土に強烈パンチを打ち込み

❖背景・状況

後継社長は営業体質を幾度か変えようとして挫折

同社は低額商材を幅広く取り扱い、既存顧客に納入していた。内勤女性がむろん電話でも注文を受けつける。

高学歴の後継社長は古臭い「営業体質」を幾度か変えようと試みたが、先代社長と異なり体を張った営業経験を持っていなかった。長らく営業を牛耳ってきた番頭格の役員や古参の社員などの抵抗を排除することができず、そのたびに挫折を味わってきた。

当社は後で知ったのだが、「説得」にかかったらしい。うまくいかなくて当然である。変革の基本は聞く耳を持たない社長の「暴走」なのだが、遠慮があったのかもしれない。

とりわけオーナー企業では社長が経営の最終責任を一身に負わなければならない。倒産時の

▽営業風土刷新
ショック療法
▽インサイドセールス導入
オンライン商談
一日商談件数・時間追跡
▽簡素専用マニュアル作成
ロールプレイ
▽フィールドセールス減少
付加価値事前報告
外回り許可制
▽営業帳票作成
面談有効度把握
開発営業・案件育成加速
▽見積改革
真剣勝負
創意工夫
▽営業ポスター作成
職場掲出

土下座だって自分一人である。平時はともかくとして苦境や難局を乗り切るには「独断専行」を貫けばよい。先代から与えられた地位に負い目を感じている後継が多く、肝心なときに断固とした態度を取ることができない。

しかし、当時は一段と市場が縮小し、顧客が減少しており、同社と同様に業績が苦しい競合他社が価格攻勢を強めていた。かたや力をつけた顧客がメーカーとの直接取引に動いていた。後者はいわゆる「中抜き」である。

売り上げもさることながら利益がいよいよ厳しくなり、近い将来の経営危機が予見された。

❖施策・措置

変わりたがらない営業を変える一番の近道を探る

ほとほと困り果てた社長からホームページを通じて「営業立て直し」の相談が寄せられた。

実は、ストレスのないルートセールスに甘んじる社員に対し、それまでも「開発営業」に取り組むうえで必要になる知識を与える機会を幾度か設けてきた。にもかかわらず基礎的な「提案」を行える取締役も管理者も社員も育たなかった。進め方ややり方を教わっても行動へ移さないので数字が変わるはずもない。

当社は話し合いを通じ、同社に必要なのは教育でなく「衝撃」とひらめいた。要は、教育が効く水準に達していない。「習慣性の客回り」から抜け出すことを毛嫌いする集団に対し、行動改革を主眼とした「実践研修」を実施しても捨て金になる。

社長の話によれば、組織風土が「ゆるゆるなあなあ」であり、ベテランの管理者を中心に仲良しサークルができあがっていた。概して、業績不振企業ではこれを「家族主義」と呼んでいる。

それで会社が回っていれば不都合はないが、前年割れ・目標未達がしばしば発生し、しかも管理者が「仕方ない」と慰めていた。社員がつねに群れたがり、自分たちで何とか低迷を打開しようという気持ちが乏しかった。おそらく意識改革を主眼とした「基礎研修」を実施しても意味がない。危機感をあおるやり方では時間がかかりすぎる。

そこで、当社は営業強化を諦め、「イノベーション」の強烈パンチを打ち込むことを進言した。もともと営業は「結果がすべて」であり、数字がよくなる手立てを選べばいい。

手始めにフィールドセールスとインサイドセールスを切り分ける。これは創業以来の常識とされてきた事業運営を全面的に否定することを意味する。顧客へ足を運ぶこと、顧客と顔を合わせることが営業の仕事であり、社員の価値と思い込まれていた。

ごちゃごちゃ言ってもらちが明かない。彼らはどうせ「やらない理由」を死に物狂いで探してくる。「ショック療法」が変わりたがらない営業を変える一番の近道だった。

ちなみに、社長は「中興の祖」になりうる明晰さを備えていた。当社との話し合いを経て元気を取り戻し、意思が尖っていった。社内で孤立気味だったのだろう。

一日平均の商談件数と商談時間を執拗に追跡する

同社はルートセールスなので残業は多くないが、給料が安くて社員は定着が悪かった。どうしても引き止めなければならない人材は少なく、まして「人財」は皆無に近い。これまでの営業を変えたくないという社員が去っていくのはプラスになると腹を括ってもらった。

ただちに「オンライン商談システム」を用いたインサイドセールスを始めた。大げさな趣旨説明は行わず、しれっと導入した。切り分けとか切り替えといった言葉は出さない。ましてや理屈は述べない。当たり前、もしくは「たかが道具」といった演出である。

ついては、当社がごく簡素な「専用マニュアル」を作成し、それを教材に用いてロールプレイを実施した。自社と顧客という役割分担に基づいた模擬商談である。全員がこれだけはかならず守ることとし、うまくやらせようとしなかった。

その代わり、一日平均の商談件数と商談時間の両方をとにかく増やすように執拗に追いかけた。外回りの「営業日報」との決定的な違いは絶対にごまかせないことだった。

インサイドセールスは社員が慣れた自由気ままな一日の使い方とは「厳しさ」が別次元である。内勤日の社員は夕刻に口も利けないほど疲れ果てていた。

内勤女性に負ける男性が相次いで面子が丸つぶれ

フィールドセールスが次第に減っていき、諸経費もずいぶん軽くなった。それと、内勤女性に売り上げで負ける男性社員が相次ぎ、ベテラン管理者は面子が丸つぶれになった。

これは社長の思惑どおりの展開だった。当社の長年の経験に照らしても数字は女性社員に営業活動を担当させたほうがよくなる。内勤営業だけでなく外勤営業でもその傾向が強い。

外へ出たがる社員には足を運ぶ、顔を合わせるだけの付加価値があることをあらかじめ報告させることとし、「許可制」に変えた。もう息抜きの時間にできない。

この辺りから、全員が会社の意図に気づきはじめたのでないか。後に述べる「営業帳票」を作成し、数字の上積みに直結する「面談有効度＝ＫＰＩ」を把握した。それまでの同社になかった開発営業や案件育成に対する意識がいくらか芽生えていった。

社長は挫折の雪辱を果たし、さぞかし留飲を下げたことだろう。知恵を絞れば、営業強化・営業変革・業績回復の打ち手は無限にある。自然減と採用抑制でリストラの必要がなかった。

数字が伸びる動きになっているかをシビアに問う

同社では出来合いのＳＦＡ・ＣＲＭが導入されていた。

しかし、部下の報告と上司の助言がなされず、営業活動の実態も中身もつかめなかった。それ以前にカネばかりかかり、ろくに使われていない。外回りがブラックボックスに置かれていたことになる。これを放っておいて「営業が強い会社」に生まれ変わることはない。

なお、自社の営業特性を踏まえたオリジナルの「営業帳票」を利用しないと、一人ひとりの営業行動を丸裸にすることができない。したがって、商談成立の「阻害要因」がどこにあるかも突き止められない。

例えば、窓口や現場などの担当者への顔出しという作業に留まっている社員が成績不振者であり、上層部への役立ちという仕事に挑んでいる社員が成績優良者であることが独自帳票で一

◆営業帳票で一目瞭然の差異

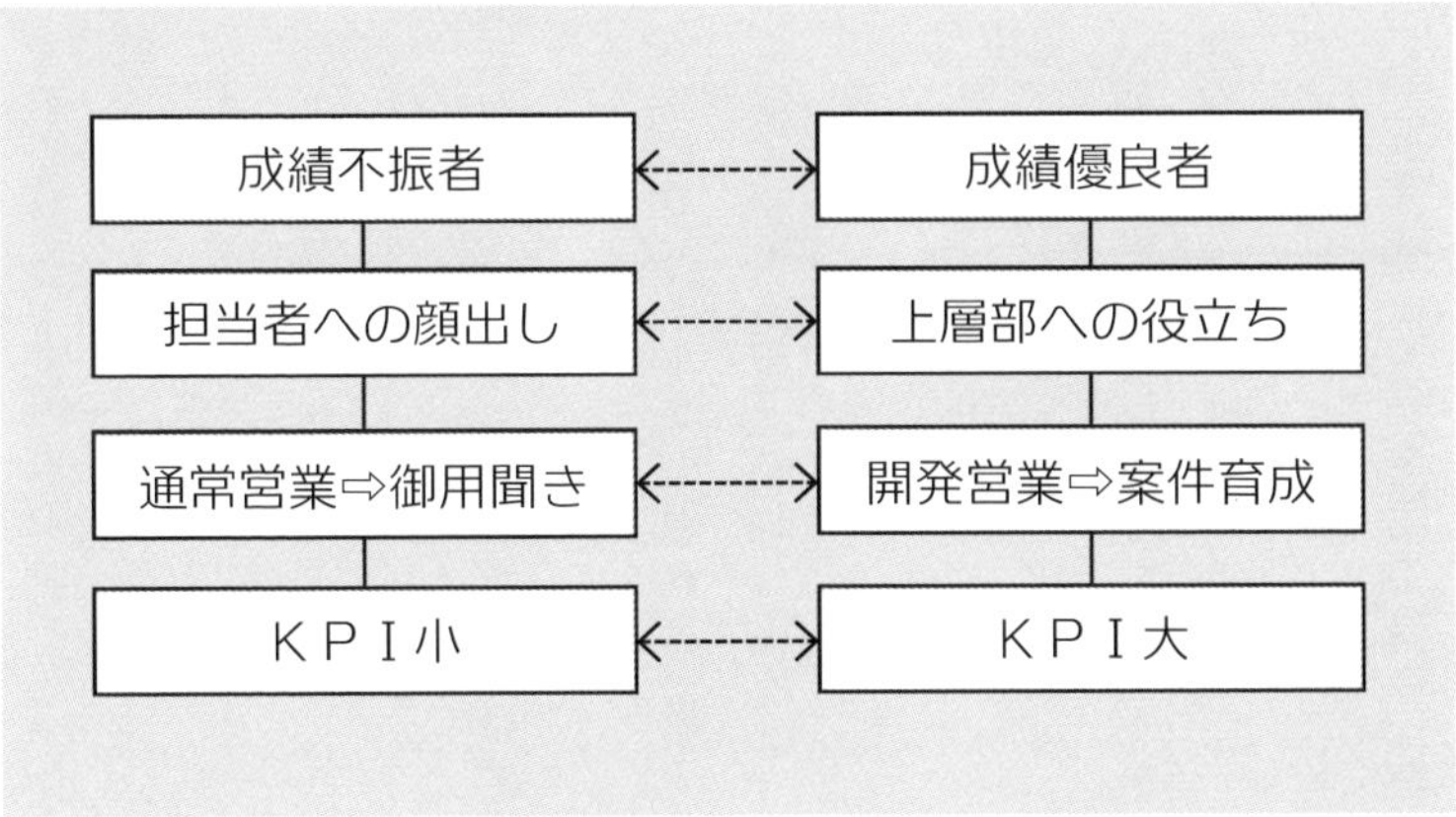

目瞭然になる。通常営業による御用聞きと開発営業による案件育成の差異がまざまざと浮かびあがる。

全員が数字をもたらす行動を競い合う緊張とプレッシャーが充満しているのが勝ち組ということはあまり知られていない。そうした組織風土のなかで働くことにより営業に最重要の「ストレス耐性」も培われる。同社の社員に決定的に欠けていた。

念を押せば、営業は「結果がすべて」であり、社員が頑張っているかどうかといった情緒的・感覚的な尺度を排する。営業帳票で押さえるべきは客観的な「面談有効度」の一点である。収益が伸びる動きになっているかどうかをシビアに問う。

このＫＰＩの大小をグラフ化して職場ごと、社員ごとに比べるだけでも営業活動は劇的にレベルアップする。数字という結果を出せないにもかかわらず行動という原因を改めようとしない社員が居座ることも防げる。それを許しては職場が腐るし、業績が沈む。

誤解が生じると困るので説明を補いたい。営業は結果がすべてであるが、「コンプライアンス」が大前提になっている。つまり、それは絶対であり、例外がない。ならば、営業は結果がすべてという意味である。くれぐれも勘違いしないでほしい。

営業活動の「事実」に対し、理詰めで改善を要求

インサイドセールスの優れた特徴であるが、一人ひとりの営業活動の問題点が見えてくる。

例えば、導入直後に判明したのは、営業社員が「売れる金額」で見積書を出していたことだった。そうした異常な状況に取締役も管理者も何一つ注意を与えてこなかった。営業のいろはの「い」も押さえていなかったことになる。

実は、見積書の提示を一枚ごとに「真剣勝負」とすることで粗利の改善が進む。同社では過去の見積書や他社の価格表の金額を単になぞっていた。売れる金額で出すのなら素人でも売れる。営業職の存在意義がない。

そこで、当社はただちに「儲かる金額」で出すように改めた。儲かるとは適正な利益が得られることを意味する。営業の務めは儲けることなので当たり前といえる。そうした利益のなか

から営業はもちろん社員の給料が支払われる。企業活動に必要な諸経費も賄われる。

当社は社員が儲かる見積書を顧客に通せるよう、ちょっとした提供価値や交渉材料を洗い出させた。創意や工夫が欠かせないので、錆びついた頭が悲鳴を上げた。そのうえでロールプレイを繰り返させた。同社ではそれまでトレーニングが行われていなかった。

社長は主要顧客への挨拶回りに留まり、火花の散る商談現場に立ち会った経験がほとんどなかった。当社に言わせれば「怠慢」であり、ただちに改めてもらった。

初めて目の当たりにした営業活動の不甲斐ない光景に対し、社長は理詰めで社員に改善を要求していった。事実に基づいて指摘を行うことが「営業立て直し」における鉄則である。

当社はそれと連動し、社員の言い訳や逃げ道を断つ「営業ポスター」を作成して職場に掲出した。あっという間に壁が埋まった。施策としては地味だが、この積み重ねが営業の底上げに効いた。当社のホームページに汎用サンプルを掲出している。

❖経過・結果

導入後3か月で利益どころか売り上げまで伸ばす

当社はややあって社員が本格的な「ソリューション教育」を受けられる水準に達したと考え

た。いささか過激な一連の取り組みを通じ、各人が営業の仕事と向かい合い、それを掘り下げる習慣が培われていった。次のステージに上がれる。

しかし、一言でいえば、社長はきわめて優秀だった。当社の関わりはインサイドセールス導入後6か月で終わった。「後は自分たちでやれる」という判断である。実際、利益どころか売り上げまで伸ばした。

コンサルタントが商売を長く続けていくうえで欲しいのは突出した「成功事例」である。ならば、仕事に困ることはない。

私は繰り返し述べてきたが、営業を立て直すのも業績を回復させるのもクライアント自身である。コンサルタントはせいぜいそのきっかけを与えるくらいしかできない。となると、社長に恵まれることが条件である。出会いや縁が大切になる。

こちらの片思いかもしれないが、社長との相性は決して悪くなかった。当社の「収益伸長の黄金比」に照らし、欠落した打ち手だけでも採用してほしかった。

当社は営業力を高めるのと並行して商品力を高めるつもりだったので、一気に同業者をぶっちぎれたはずだ。中抜きとウェブ販売の対象になりにくいやや高額商材を取り扱いたかった。不完全燃焼で終わったことになる。

「ＩＴ上司」がいなくて新規開拓は活発化しない

営業系の事業では顕著であるが、新規開拓が盛んだと業績好調企業・成績優秀社員になる。長年にわたり数字づくりを支援してきたコンサルタントとしての私の見立てであり、まず間違いない。

そうした新規開拓の活発化は「ＩＴ上司」がいなくては難しい。私が本書に収めた事例でしばしば取りあげる理由である。

とはいえ、このＩＴ上司はかならずしも大げさなシステムを意味しない。さすがに表計算ソフトの「エクセル」で済ませられないが、最低限必要な効果を享受するくらいなら、ごく簡単なプログラミングで開発することができる。

決め手はあくまでも「営業帳票」というアナログのコンテンツである。全体設計・要件定義に基づいて体系的に機能するように作成することが条件である。だからこそプログラミングが有効になる。

コアコンテンツとなる営業プロセスを確立しているとすれば、プロローグで述べた「行動計画」「営業日報」「案件進捗管理」という３タイプの営業帳票をつくるだけでいい。これには自社の営業特性・水準・実態を反映させる。

したがって、予算をたっぷり取れる大手企業でなくては導入が不可能ということでない。営業強化・営業変革を成し遂げようとする社長の熱意・決意次第である。

この3タイプの営業帳票を駆使すれば、新規開拓の成果創出のヒントや手がかりとなる解析結果を入手することができる。

実は、社員が営業活動を帳票に記録する際に「登録単位」を用いる。この登録単位が面談有効度という「KPI」を構成するエレメントになる。

そして、それらの要素を選択・複合することで、欲する「切り口」に即して案件育成の進捗状況をグラフなどでアウトプットする。

通常営業による売り上げの土台は過去の実績からおおよそ読める。そうなると、開発営業による売り上げの上積みに注意を払える。

会社や職場として進行中の取り組みをつかむことができれば、当該年度の収益・業績予想を立てられる。が、それは出来合いのSFA・CRMでは望めない。

ちなみに、IT上司により部下それぞれの向上意欲・成長欲求、会社への求心力・同僚との連帯感、さらに定着・離職の可能性まで見えてくる。

パンデミックの発生が売れない時代の数字づくりを一段と困難にした。会社全体の機運を盛り上げながら新規開拓を推し進められるとすれば、市場環境の悪化が予想される2020年代でも販社や問屋は勝ちっ放しになれる。
そのためにはＩＴ上司が不可欠となる。使ううちに営業の組織風土もよみがえる。現場の上司と部下に任せておくわけにいかない。

（中小／問屋◇販社・問屋・卸売・流通）

10 顧客の商品・事業・業態開発に寄り添う繁盛請負業へ 相手を感動させられる渾身のソリューションが相次ぐ

❖背景・状況

市場は堅調も、地元は消費が低迷して競争が激化

同社はさまざまな食品に用いられる「小麦粉」の製粉メーカーである。流通向けの家庭用も提供していないわけでないが、外食向けの「業務用」が中心となった。

この業務用には外食店舗のほか、パン屋・菓子店、食品スーパー、総菜・弁当・給食会社、ホテル・旅館などが含まれている。

国内市場は主食となる米の消費量が減少しており、小麦は微増か横ばいと堅調だった。食生活の欧米化、若年層を中心とした米離れの加速、朝食のパンの浸透が小麦粉の消費を支えていた。

同社はホームページなどで「地域密着」を謳っている。

▽提案営業研修
開発営業・案件育成挑戦
営業ノウハウ共有
▽提案書データベース整備
汎用性重視
編集加工・水平展開
▽営業拠点長抜擢
研修表彰者
▽営業プロジェクト運営
リーダー代行
主要案件後押し
営業ナレッジ共有
▽営業プロセス設計
行動指針
ステップ&アクション
▽営業尺度作成
行動規範
簡易営業マニュアル兼用
営業チェックリスト兼用
▽営業帳票作成
行動指標
面談有効度把握
取組意欲・実態丸裸
商談成立阻害要因解消
収益形成・予算達成予測

しかし、それなりの従業員を抱え、複数の営業所を置いていた。住民の高齢化と地元の過疎化が進み、経済が目に見えて衰退していた。

当時は景気が低迷して競争が激化し、売り上げが伸び悩むとともに利益がかなり低下していた。

競合大手と価格差、素材を納めるだけでは回らず

「売上＝商品力（売り物）×営業力（売り方）」である。しかし、同社はとくに競合大手と比べて価格差が大きく、まったく太刀打ちできない。

そこで、商品力の強化を追求した。その一環として米粉やそば粉に加え、機能性素材を提供するといった懸命な打ち手を講じた。それでも市場競争に敗れることが多くなった。

こうした一連の取り組みに限界を感じた社長はやがて「営業力」の思いきった強化に注力することが生き残りの決め手にな

ると悟った。

顧客に素材を納めるだけでは付加価値が生まれず、差別化を図れない。全員がこれを肝に銘じ、営業活動をレベルアップしなければ業績低迷を打ち破れない。

当社のこれまでの指導経験に照らせば、営業力でカバーできる価格差はせいぜい「20%」である。それとても至難である。社員が顧客によほど魅力的な「提案」を行わないかぎり、それ以上は絶対に乗り越えられない。

同社においてもコンサルティングマインドとソリューションスキルの習得が前提となった。

❖施策・措置

営業の重要性を理解し、営業職の社内地位が高い

当社が講師を務める「営業変革」や「提案営業」をテーマとした公開セミナーに同社の幹部や精鋭が幾度か参加したことがきっかけになり相談が寄せられた。

最初の話し合いの場で、長期日程を組んで同社初となる本格的な「営業研修」を行うことがすんなりと決まった。定番の『提案営業研修標準講座』のカリキュラムがベースとなる。

一人ひとりが学習でなく仕事と位置づけ、開発営業による案件育成に挑戦する。ちなみに、

◆製造と営業の連携

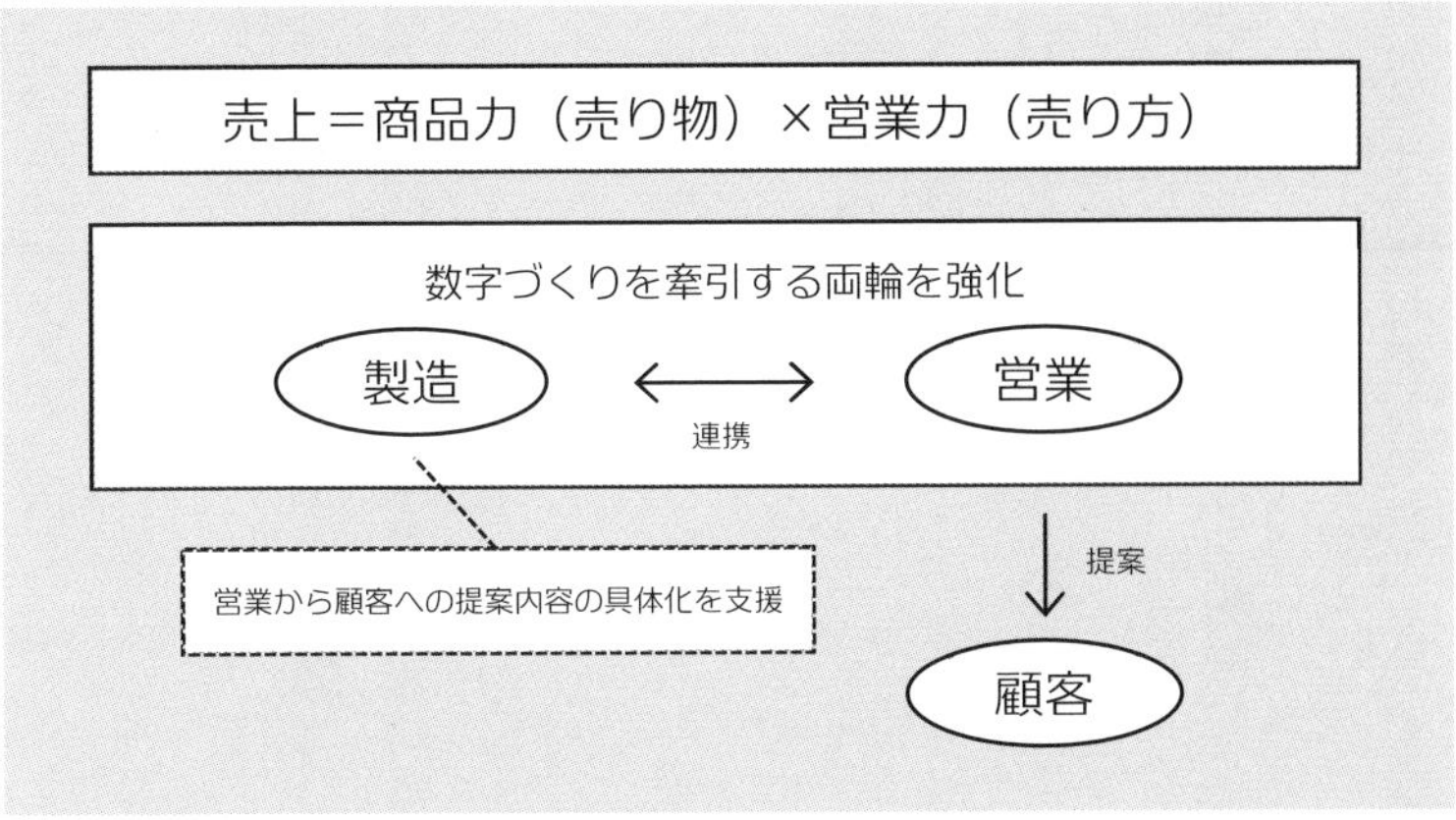

開発営業は数字の上積みを図る「既存深耕・既存拡大・新規開拓・離脱奪還」の総称である。

こうした集合研修は「収益伸長の黄金比」の上半分を占める「人材育成」の左上に位置する「営業教育＝ＯｆｆＪＴ」に当たる。当社は「営業立て直し」を請け負うと概して真っ先に行う。

同社では皆が営業の仕事の重要性をよく理解していた。メーカーでは多くないが、営業職の「社内地位」が高かった。したがって、営業社員が受け身、まして待ちの姿勢ということはなかった。しかし、テレアポや飛び込みによる「新規開拓」が根づいているということもなかった。

意図的に避けていたわけではないが、数字の土台をつくる「通常営業」に追われていたようだ。ちなみに、通常営業は既存顧客に対する習慣性の客回りであり、「顔出し⇩御用聞き⇩見積対応」という流れである。

実は、時間があったら取り組もうという意識や発想では開発営業、なかでも新規開拓は盛んにならない。本研修では最優先で推し進めるという決まりである。

なお、営業から顧客への提案内容の具体化を助けるため、製造部門の主要スタッフも参加した。これはメーカーとしての常識であり、製造と営業の連携が緊密にならなくては商品力と営業力という数字づくりを牽引する両輪を強くすることができない。不甲斐ない売り上げの責任の半分は製造にある。ただし、中堅・大手企業などでは商品の開発・企画を担う部署が置かれており、ここでの説明ではそれをひっくるめて製造と呼んでいる。

本研修では大勢が営業を通じて顧客にベクトルを合わせる。いわゆる「カスタマーファースト」を徹底させる機会となる。理想は全役員・全社員の受講である。業績不振企業では営業研修は営業社員が受けるものという思い込みがはなはだしい。あえて本研修を『顧客第一研修』と呼び、社長命令によりほぼ全員を招集した大手企業もある。ごく短期間で営業強化と営業変革、社員改革を成し遂げている。見事な経営判断だった。

営業社員が嬉々として「金持ち」に食らいついた

素材メーカーは概して提案が大変である。膨大な手間がかかる場合には、それに見合った優良顧客・大口商談を取り込みたい。それができなくては努力が報われない。

社員は素直であり、営業は「行動の度胸」がキモという当社の指導を受け入れてくれた。営業成績は面談相手の財布の中身で決まる。相手が動かせる予算のことであり、「どこ×だれ」という掛け算で弾ける。どこは訪問先の「規模」、だれは面会先の「地位」を指す。

開発営業による案件育成では、小銭入れしか持たない窓口や現場などの担当者でなく、札入れを持つ決定権者やキーマンなどの上層部に働きかける。

なお、このどこ・だれは業界や企業、営業の特性により異なるものの、社員一人ひとりが行っている面談の有効度に当たる「ＫＰＩ」を構成する重要なエレメントとなる。

同社は社員が嬉々として「金持ち」に食らいついた。当社の経験では異例であり、この時点で業績向上を確信した。どうしてそこまでと思うくらいに嫌がるクライアントが大半である。ときに「命を取られる」かのような騒ぎになる。

幸い、同社では「命までは取られない」という営業の最重要の教えを折に触れて説いてきた幹部がいた。当社も研修を進めやすかった。

成績不振者は行きやすさと会いやすさで営業活動の対象を決めており、窓口や現場の担当者が大好きである。しかし、彼らは極論すれば「相見積もり」を取ることが仕事であり、安く購買・調達・発注すると社内評価が高まる立場である。「儲ける」ことが絶望的に難しい相手といえる。

同社は受講者が進んで大手企業の社長や有力自治体の首長をリストアップしており、この時点で成果が約束されていたことになる。

当社が過去に行った研修で若い営業社員が一案件で会社の年商の半分に迫る金額を叩き出した。50億円弱である。業績不振企業では受講者に刺激を与えるため、この事例を匿名で紹介することがある。すると、とくに成績不振者はどのように決めたのかと「やり方」をしきりに気にする。数字づくりに占めるテクニックの比重はがっかりするほど低い。

キモは面談相手の財布のなかに50億円以上が入っていたことである。この事例では若手が一部上場企業のトップに食らいついた。営業はやはり行動の度胸がものを言う。私は営業としての職業人生を振り返り、小銭入れに札束がごそっと入っているのを一度も目撃していない。

営業は「結果がすべて」という仕事なので「カネ」のあるほうへ動けばいい。至ってシンプルであり、数字という結果でなく行動という原因を重んじるわけである。行動が数字をつくるので当然だろう。

これは当社が営業立て直しに臨むうえでの急所にもなっている。なかでもＢｔｏＢではカネを避けようとする社員を後に述べる「面談有効度」が反映された営業帳票に照らしてカネに近づける。小難しい道理を説こうとしているわけではない。

怖がって半べそをかくのはなぜか男である。「上に会うと担当者の面子を潰す」など訳の分からない屁理屈を垂れ、小銭入れにしがみつく。それと比べれば女は泣かない。だから、成績がよくなるのが早い。

余談になるが、営業職には度胸を失った男性より度胸がついた女性を起用したほうがいい。

初めて顧客価値の最大化を限界まで追求して提案

いくらか紆余曲折があったものの、わりとスムーズに本研修の最終回を迎えた。全員が提案書を持ち寄り、6人一組になり「ロールプレイ」を行った。自社が3人、顧客が3人という役割分担に基づく模擬商談である。テーブルを挟んで向かい合う。そして、遠慮なく改善点などを指摘し合った。とはいえ、どんなに厳しく評価したつもりでも容赦ない顧客には遠く及ばない。

ちなみに、提案書の出来がよくなるほどグループ内の検討がヒートアップし、喧々諤々のやり取りが続く。出来が悪い企業は採点が大甘であり、平均点が高くなる。ぶつかり合いを嫌がる仲良しサークルの負け組がそうである。男も可愛らしく「語尾上げ」で同意を求めながら、和気あいあいに進める。名立たる勝ち組は恐ろしく平均点が低い。

同社は「激辛」の採点だった。事務局が厳選したにもかかわらず、十人以上が社長表彰の対象になった。最優秀者は提案書をスクリーンに投影し、全員の前で模範プレゼンテーションを行った。良質な「営業ノウハウ」の共有が図られた。

社員の大半が「顧客価値」の最大化を真剣に追求し、のめり込むように提案内容を具体化した。入社して初めての経験だろう。相手を感動させられる渾身の提案書も含まれた。

提案書は英語で「プロポーザル」と呼ばれる。本質は「ラブレター」である。その顧客に対する役立ちという「愛」の大きさと深さ、確かさがシビアに問われる。当社の指導経験では合格点を与えられる提案は1割~2割が普通であり、半数に迫る同社は画期的だった。

なお、家庭用の提案は限られており、ここでは業務用の提案について触れる。和洋中の外食店舗には「メニュー提案」、パン屋・菓子店には「商品企画」が相次いだ。例えば、シーズンメニュー・商品の投入、商品ラインアップの拡充である。顧客が主力や定番に頼りやすく、マンネリ化したメニューや商品の見直しを持ちかけている。

そのために、社員が情報収集による顧客理解は当然とし、食のトレンドや嗜好の変化などの調査を行った。これらに関しては顧客のほうがプロフェッショナルであるが、それでも参考になる内容がたくさん盛り込まれている。

食品では「ＯＥＭ」と呼ばれる生産委託が普及しており、それを活用した商品企画も含まれた。ネーミング、パッケージ・パンフレット・ホームページ制作、ウェブ販売併用などを絡めている。

食品スーパー、総菜・弁当・給食会社、ホテル・旅館などにはメニュー提案や商品企画を含む「用途提案」がほとんどだった。素材メーカーの営業の王道といえる。それぞれに応じ、細かな施策が添えられていた。すべてに共通するのは、商品の付加価値と差別化を軸とし、顧客数と販売数の増加、客単価の向上を促そうとする燃えるような情熱である。

マーケティングコンサルタントの領域に達する！

同社で際立ったのは大手企業や有力自治体に大がかりで長期的な案件を持ちかけた社員が現れたことだった。これは商談の決定でなく「取り組み」に関する合意の形成を目指している。それを経て、双方がメンバーを出し合って「プロジェクト」としてスタートさせる。新商品はもとより新事業・新業態の創造を見据えていた。

一例を挙げるなら、営業社員が日本の外食チェーンの海外進出を手助けした。東南アジアで日本食ブームが起こっており、その一つにラーメンがあった。国内は成熟市場になり、事業意欲の貪欲な社長が現地でのチェーン展開に乗り出そうとしていた。

同社ではそれまで海外出張がなかったが役員の特別許可を取り、社長に張りついた。「営業の仕事は金持ちの懐に入り込むこと」というずばりの指摘を守った。そして、現地住民にマッチした店舗・メニュー・味覚・価格などを社長と力を合わせて具現化していった。麺づくり・スープづくりに及ぶ。

彼は「マーケティングコンサルタント」の領域に達しており、しかも実行に寄り添っているので、さながら「商売繁盛請負業」である。

ほかには、営業社員が地元産の小麦による学校給食の改善を働きかけた。いわゆる「地産地消」である。表紙に自治体・農業団体・学校関係者などの有力者が小麦畑に集結した写真が収められていた。これを見るだけでも、大勢を巻き込む営業力の凄まじさが伝わってきた。

ここで述べた取り組みは顧客に持ちかけるだけでも大変だが、受け入れられてからはもっと大変になる。営業は実行の過程にきちんと関与する。

後日、汎用性が高そうな提案書を選んで仕上げ、編集加工により水平展開が可能な「データベース」を整備した。提案書の作成省力化と質的向上がもたらされ、「営業生産性」がおおいに高まった。

本研修で顕著な成果を収めた営業社員は年度替わりを待たずに拠点長に抜擢された。この人事異動の知らせは当社も誇らしかった。

営業尺度を作成し、実地ＯＪＴの同行営業を定着

当社は本研修にやや遅れ、リーダーを代行して月例で「営業プロジェクト」を運営した。拠点長と管理者、精鋭担当者に絞って招集した。受講者全員だと人数が多すぎ、検討が浅くなりやすい。

ついては、その有効性を高めるため、真っ先に「営業プロセス」を設計した。ステップとアクションから成り立つ。おもに新規開拓を念頭に置き、開発営業のスタートからゴールまで、社員が踏むべき段階、取るべき行動を示した。行動指針と言い換えられる。

営業として働くからにはやり抜くという掟であり、かならず顧客第一の観点から定める。ゆえに、当社はまま「営業憲章」と呼ぶ。全員が目指す営業像を掲げることでもある。

そして、このプロセスを精細化して「営業尺度」を作成した。数字という結果をもたらす行動という原因の標準化にほかならない。行動規範の制定といえる。

おのずと「簡易営業マニュアル」を兼ねる。さらに、部下が自己評価、上司が部下評価に用いる「営業チェックリスト」を兼ねる。

実は、収益伸長の黄金比の上半分を占める人材育成の右上に位置する「営業指導」が数字づ

くりに与える影響は絶大である。「現場訓練＝ＯＪＴ」に当たり、日次報告と営業会議に代表される「職場ＯＪＴ」、同行営業に代表される「実地ＯＪＴ」が２本柱となる。

業績不振企業ではなかでも「同行営業」がほとんど行われていない。上司が多忙ということも一因であるが、的確な助言を与えられずに成果が上がらないことが主因である。営業尺度に照らして行うならば後者の悩みは消え、同行営業が根づく。定期的に行うことで部下の成長の度合も測れる。全員の比較も可能なので営業風土を引き締める効果もある。

営業帳票を作成し、開発営業・案件育成を後押し

さらに、先のプロセスを精細化して「営業帳票」を作成した。数字という結果をもたらす行動という原因の数値化にほかならない。行動指標の制定といえる。

社員一人ひとりの顧客への働きかけ、顧客とのやり取りが成果に結びつく「確度」の算出であり、当社は「面談有効度＝ＫＰＩ」の設定を重んじてきた。

当社が請け負っているのは営業立て直しによる業績拡大であり、訪問の件数や頻度などの営業活動の量的評価で終わらせられない。面談の中身や価値などの営業活動の「質的評価」に踏み込まなければならない。ＫＰＩはそれを表す物差しとなる。

◆営業帳票による開発営業の後押し

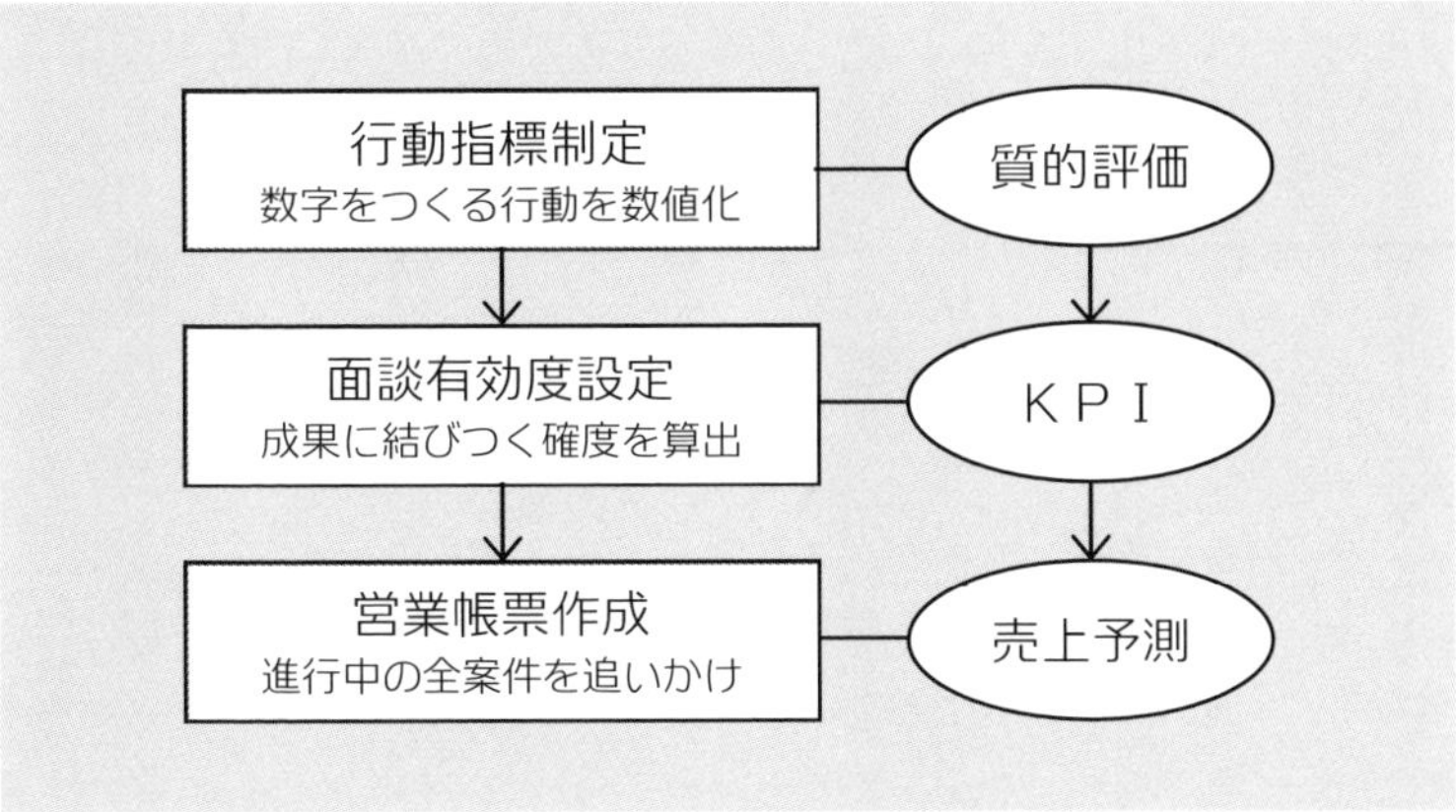

同社では刈り取りまでのスパンが長い大型案件が少なくなく、なるべく早めに商談成立の手応えと売り上げの見込みがほしかった。

出来合いのSFAやCRMではそうした目論見を社員のコメントなどで推察するほかにないが、成績不振者・目標未達者ほど読みが甘い。しばしば主観どころか願望が混ざっており、それを真に受けるととんでもないことになる。

プロジェクトではこの面談有効度を落とし込んだ営業帳票を用いた。通常営業による数字の土台は例年の実績からおおよそ読めるので、開発営業による数字の上積みを追いかけた。そして、進行中の全案件にKPIを加味することで、先々の収益形成、年度末の予算達成を予測した。

それには個々の案件を管理する必要があり、登録する単位が明確に設定されていなければならない。ちなみに、KPIも主要な単位である。

なお、この帳票は全社と職場の営業会議で用いる。全組織・全社員について開発営業による案件育成の取り組みの意欲と実態が「丸裸」になるので、管理者も担当者も競争心が刺激される。

いわゆる「訪問計画」を顔出し主体の顧客で埋め、頑張っている雰囲気を醸し出すことが不可能になる。そんなことでごまかされていたら数字づくりは改善できない。

加えて、営業プロセスに即して各人の商談成立の「阻害要因」があぶり出される。上司はそうした弱点や欠点に絞って重点的に解消に努め、部下の底上げを図る。その積み重ねである職場の業績は大きく変わる。

営業会議でこの帳票を用いることにより、「議題」が数字という結果をもたらす行動という原因へ向かう。結果管理から「原因支援」に改まるので、管理者も担当者もモチベーションが上がる。

当社は本プロジェクトでも帳票に基づいて主要案件を個別に取りあげた。参加者の知恵も借りながら助言を与え、その育成・着地を後押しした。こうしたやり取りが有益な「営業ナレッジ」の共有につながった。

ただし、営業帳票を面倒な手計算で利用したので、会議の準備が大変だった。実は、簡単なプログラミングで最適なＩＴシステムに仕立てられた。プロローグで述べたＩＴ上司「ニーチェ」の試用版くらいにはなる。それを紐づけるなら、導入済みのＳＦＡの威力が格段に高まった。中途半端に終わったことが悔やまれる。

❖経過・結果

営業がよくなり結果として商品もよくなる好循環

当社の経験では掘り下げた用途提案が必須となる素材メーカーは社員が優秀である。差別化が困難な素材であるほどそうした傾向が強い。小麦粉はその典型であり、単に売るのでは利益を取れない。社員が本研修を通じ、それに気づくとともに営業活動を見直した。

私は長らく提案営業の「奥深さ」を説いてきた。実際、顧客貢献には際限がない。同社ではこちらの指導をはるかに超える案件育成事例が飛び出した。講師冥利に尽きる。

当社が最初に相談に応じた時点で同社は確かに困っていたが、業績不振や経営危機に陥っていたわけでない。厳しい経済環境・市場環境を考えれば、よく持ちこたえている状況だった。

同社は企業文化が自由であり、組織風土が活発だった。そのなかで創意工夫を凝らせる柔軟な頭脳を持つ社員が育まれた。研修内容への理解が深く、顧客ベネフィットにフォーカスする提案営業の勘どころをおおよそ会得したように思う。

また、社員が基礎的な企画力と表現力を備えていた。当社が多くのクライアントから請け負ってきた「営業ツール」の作成も必要がなかった。彼らで何とかこなせる。

同社では研修を起点とした一連の取り組みを通じ、さらに営業がよくなった。社員から顧客へのソリューションにより商品もよくなるという「好循環」が生まれた。売り方と売り物の両方において優位性を築いたことになる。

当該市場は競争が激しさを増しているが、同社は顧客と「ウィン―ウィン」のパートナーシップを築いており、着実に業容を大きくしている。営業エリアも広げつつある。

この勢いを大切にして社業発展を成し遂げてほしいと心より願っている。

（中堅／素材メーカー◇食品・飲料・外食・農業・漁業）

11 女性社員のインサイドセールスを併用して即収支改善 零細拠点を順次閉鎖、ウェブ商談で新規開拓を加速へ

❖背景・状況

市場規模縮小が止まらず、経営危機が現実になる

同社は特定分野の素材や部品を提供する専門販社である。社風としてフットワークとリレーションによる営業を重んじており、顧客からもライバルからも一目置かれる存在だった。

主要都市を含め、全国に二十拠点以上を構えていた。しかし、従業員数がいよいよ中堅企業に届くと思われた頃から業績の伸び悩み、そして低下が始まった。

日本経済は世界的な追い風に背中を押されるようにして緩やかな好調が続いていた。とはいえ、当該市場では顧客先の事業転換と顧客間の競争激化が起こっていた。当該素材・部品では輸入品の採用とウェブ調達の普及が進んでいた。おのずと同社は商材の納入が減り、しかも価格が下がる。

さらに、技術革新が引き金となり、同社が対象としてきた市場は規模縮小が止まらなくなり、当時は「経営危機」が現実になりつつあった。

同社は「赤字」を垂れ流していた2拠点をすでに閉鎖していた。それでも会社全体として利益を出せなくなっていた。

概して営業代行サービスの問い合わせは経営相談

同社とのつきあいのきっかけは社長からホームページを通じて「営業代行サービス」の問い合わせが入ったことだった。この規模の会社でトップ自身が接触してくるのは珍しい。よほど追い詰められていたのだろう。

▽再生シナリオ描写
　中長期経営・営業戦略
　主力銀行提示
▽営業ツール作成
　既存資料整理
▽インサイドセールス導入
　オンライン商談システム利用
　簡素マニュアル作成
　ロールプレイ指導
▽新規開拓ツール作成
　トークスクリプト
　汎用提案書
　サーベイシート
▽営業帳票作成
　開発営業推進
　案件育成支援
▽非接触型新規開拓邁進

営業代行業者はそれが仕事なので条件が合えばすぐに請け負う。しかし、当社は数字づくりに特化したコンサルタント会社なので引き合いの「背景」をじっくり探る。クライアントで営業教育に携わる立場でもあり、顧客の要望やニーズにきちんと応える「御用聞き営業」を禁じており、当社としても絶対にやらない。

顧客にとり営業代行は手段にすぎず業績向上が目的であることを当社はよく理解している。研修講師派遣などの問い合わせでもまったく同様の対応を行ってきた。

むろん、営業代行サービスに関してはストレートな引き合いということも多い。しかし、同社のように社長が直接という場合にはかたちを変えた「経営相談」ということがままある。余計なお世話かもしれないが、当社は業績が伸ばせないとか業績が振るわなくて困っているのでないかと案じる。

営業代行をいくらか引き受けた経験を持っているなら、その会社に向くか向かないか、成果が上がるか上がらないかくらいは即座に察しがつく。しかも、その直観はまず外れない。

あまり知られていないが、営業代行を利用して「費用対効果」のメリットを享受できる企業はほんの一握りである。当社はそれが分かっており、引き合いに飛びついて仕事を請け負うことはしていない。

同社がその典型だった。社長は売り上げの下落もさることながら利益の壊滅に頭を痛めていた。営業代行を求めていたわけでも講師派遣を望んでいたわけでもなく、ひどい数字を何とかしたいという一心だった。

藁にもすがる思いでインターネットで調べているうちに、当社のウェブサイトにたどり着いた。誠実・率直に対応しなければなるまい。

2時間程度の話し合いを3回重ね、経営と営業に関わる「課題」が浮かびあがった。結論を先に述べれば、「インサイドセールス」の導入という決断を下すに至った。いわゆる「内勤営業」である。

❖施策・措置

コストカットが最優先、電話とウェブで数字保持

同社は既存顧客からの電話注文が多く、営業アシスタントとして働く内勤女性社員への依存度が高かった。彼女らは在庫確認から納品手配、見積書作成から請求書送付までの一連の業務を担う「縁の下の力持ち」である。

男性社員は習慣性の客回りによる「通常営業」が主体だった。こちらから働きかけて案件を育てるなど、数字の上積みを狙いとした「開発営業」の取り組みは皆無に近かった。

会社が苦しいというのに顔出しに留まり、正社員としての存在意義も存在価値も示せなかった。当社からすれば「情けない」の一言である。わざわざ高い人件費と諸経費を使ってやらなければならない営業活動とは到底思えなかった。

同社は「コストカット」を最優先すべき財務状況だった。そこで、日本でも注目が集まって

いた「オンライン商談システム」を利用し、電話とウェブによる数字の保持を目指した。社長は早期に「零細拠点」を畳み、主要都市6〜8拠点に集約するというのが本音だった。営業社員は定着率が低く、採用を抑えれば「自然減」が見込めた。先行きに暗雲が垂れ込めてからは退職が増えはじめており、「リストラ」に踏みきらずに済ませられる。

社長が残ってほしいと思っていた社員は向上意欲が強く、同社の営業実態に失望して去っていった。長く勤めても職能が高まらず、報酬が増えず、「自己実現」を果たせない。

インサイドセールスシフトで売上微増と費用激減

インサイドセールスに切り替えるにはそれなりの準備を済まさなければならない。しかし、同社にはスタッフ機能がなかった。そこで、当社が代わりに必要最小限の「営業資料」を少しずつ作成していった。といっても、これまでにパワーポイントでつくった不出来な資料を嫌がる社員からかき集めて整理するくらいである。

それにより社員が顧客とパソコン画面で共有し、商談をスムーズに進められる。また、簡素な専用マニュアルを作成した。これをテキストとし、営業資料を用いた「ロールプレイ」を指導した。自社と顧客という役割分担に基づいた模擬商談である。同社では社員がトレーニングを積んだことがなかった。だれ一人として練習が必要と考えていなかった。

そして、年初からの部分的なトライアルにより、「フィールドセールス」の必然性が乏しいことが判明した。いわゆる「外勤営業」である。企業体質の古い販社や問屋では肝心の社長が固定観念にがんじがらめにされている。あるいは、創業以来の成功体験を忘れられない。結果を出せなくても変化を避ける。

同社ではこの試行錯誤の段階で費用が激減し、売り上げが微増した。収支があっけなく改善した。しかも将来的には営業社員の人件費がどんどん落ちていく。

さらに、営業社員も、そして「ウェブ商談」に否定的だった営業幹部もおとなしくなった。インサイドセールスを検討しているときには数字責任を負う番頭格の役員が営業立て直しの方策も示さず、不機嫌そうな表情を見せているだけだった。

同社では男性社員が行っていた外勤営業を内勤営業に改めていく。それも女性社員、やがてテレワークに移していく。いわゆる「在宅勤務」である。付加価値の低いルートセールスはそれで済ませられる。出勤・移動・出張が不要になる。

こうした切り替えの進捗を睨みつつ、所長を含めて数名の零細拠点は順次閉じていく。

主力銀行に再生シナリオを提示、協力を取りつけ社長とは最初からインサイドセールスが根づいた後の展開に関しても合意に達しており、当社が真っ先にアバウトな「再生シナリオ」を描いた。長期の将来展望を含めた中期の経営戦略である。同社は販社なので「営業戦略」の色合いが濃くなる。10年後の理想と3年後の目標を掲げたうえで、それを叶えられる道筋をざっくりと記している。

ただちに主力銀行などにも示し、協力の約束を取りつけていた。だから、社長も当社も心の余裕を持って進められた。ぎりぎりの「資金繰り」を気にしながら立て直すのはきついし、焦りも出るので結果も思わしくない。

私は銀行系列のシンクタンクが開催する講演やセミナーで1990年代の半ばから20年前後にわたり講師を頻繁に務めていたので、都市銀行や主要な地方銀行から紹介された案件を手がけることもあった。

当社は「雇用維持」が引き受けの絶対条件である。しかし、人員削減に踏み込まないとしても、クライアントの事情によりコストカットから企業再生・営業立て直しに入らざるをえないことがある。そうした案件では守りから「攻め」に転じるイメージをすり合わせておくことが大切になる。

そうでないと、社内に前向きな力が湧いてこない。同社でも社長がタイミングを見計らい、社員に肉声で先の中長期戦略を伝えた。

概して、業績不振企業では皆が自信を失い、精神的にも体力的にも疲弊を深めている。一杯一杯ということも珍しくない。

業績回復の取り組みは過去の業務の全否定になりやすく、それは携わってきた社員の全否定につながりやすい。だれにとっても辛いので、当社は職場を暗くさせないように心を砕いてきた。すでに下がっているモチベーションがさらに下がると失敗に終わる。人は先行きに希望の光が見えれば歯を食いしばって頑張る。再生シナリオの提示は必須となる。

❖経過・結果

農耕営業から未開の原野に分け入る狩猟営業へ！

潰すか潰されるかという戦いはとうに始まっていたが、同社にはそうした認識が薄かった。数年にわたり業績が落ちつづけ、しかも市場規模の縮小はそれ以前から予想されていた。社長がその気になれば大胆なメスを入れられた。

しかし、もっとも保守的な取締役や古参社員に相談してきた。同社のイノベーションによる環境適応を阻害してきた元凶である。逆にいえば、目ぼしい中堅や若手が育っていなかった。

周囲に社長を支える人材がいれば同社は変わっていただろう。ストレスのないルーティンに染まり、そこから抜け出そうとしなかったことが最大の敗因である。

通常営業から開発営業へ、なかでも果敢な新規開拓へ！

既存業界・市場は「作付面積」が縮小している。収穫量が減少するから、お決まりの田畑へ出かける「農耕営業」にいつまでも甘んじるわけにいかない。未開の原野に分け入る「狩猟営業」に挑む。

当社は必要ならば、営業の手法や技術を教育する。また、商品が高度化・専門化・多様化・無形化する環境下の営業活動で欠かせない「ソリューション」を指導する。しかし、それは二の次、三の次である。

第一義は営業の本質・根幹・急所を説き、「行動度胸」と「ストレス耐性」を身につけさせることだった。「大丈夫、営業はうまくいかない」。これが営業として新規開拓に挑み、コンサルタントとして新規開拓を促してきた私の結論である。

社員はかつて右も左も分からないうちに社外に放り出され、飛び込みに挑むなかで新規開拓のコツを身につけた。

私自身は１９７０年に新聞社の奨学生制度を活用して大学に進学した経緯で、新聞専売所に住み込みで新聞配達と飛び込みでの新聞営業に携わった。あらかじめ基礎知識を学んだわけでない。無知だったが、閑静な住宅街で一戸建てのチャイムを軒並み押していくうちに何とか契約を取れるようになった。時代が違うとはいえ、「教わる」という発想がなかった。

ところが、いまどきの社員は丁寧な研修を受けられないと行動へ移したがらない。しかも、「営業をうまくやらなければならない」という思い込みが激しい。頭のなかで仕事を理解しようとするからだ。

しかし、新規開拓は失敗の連続なので、うまくいかないことをうまくやろうとする社員はかならずブレーキを踏む。すなわち、実際にやりもしない。

そもそも人が失敗しない理由は一つであり、日々できそうなことでお茶を濁しているからである。社員が行きやすいところに行き、会いやすい人に会うという作業レベルの営業活動に留まる。習慣性の客回りに代表される通常営業である。

それゆえ、顧客の御用の増減と社員の成績の上下がきれいに重なる。問い合わせや引き合いが減った分だけ売り上げがまともに落ちる。これからは開発営業による案件育成を推し進めるという仕事レベルの営業活動へ高める。

勝手を知った既存顧客の慣れ親しんだ担当者への訪問をずっと繰り返してきた同社の社員に失敗はほとんどなかった。それに対し、高収益・高賃金で知られる勝ち組企業は失敗が多いだけでなく「武勇伝」が飛び交っている。

当社が「いどむ⇩しくじる⇩ほめる」というスローガンを掲げて営業立て直しに入った途端に失敗が爆発的に増え、比例して成功が大幅に増える。そうしたクライアントでは業績回復はあっという間である。

営業職はそもそも「行動職」である。まずはやってみて、壁にぶつかったら考える。その繰り返しである。どうしても壁を乗り越えられなかったら、上司や先輩などの同僚に尋ねたり、営業の書籍やセミナーで学んだりする。行う前に知ろうとしない。

なかでも若手は家庭でも学校でも成功にこだわり、「失敗を悪」として育ってきた。うまくやると親や教師に褒められる。こうした環境は人格が形成される20年に及ぶ。

しかし、営業は「完全」の概念と対極に位置する仕事である。わがままで手強い顧客が相手となるのでうまくいかない。失敗は多ければ多いほどよく、営業活動の活発度の証である。近年では中小企業で代替わりが進み、後継社長がこうしたキモを分かっていない。

私は顧客の前でしくじる自分を許せないという営業が増えているように感じる。心の器が小さく、チープなプライドばかりが強い。新規開拓が盛んになるはずがなく、営業立て直しも手間取る。当社が重んじる「いどむ⇩しくじる⇩ほめる」の呪文を心に刻んでほしい。

通常営業は農耕営業に当たり、開発営業は狩猟営業に当たる。後者は獲物を探すことから始めなければならず、見つけた獲物に襲われることもある。テレアポや飛び込みにおける「けんもほろろ」である。最低限の収穫すら保障されないことが農耕営業との決定的な違いである。念を押せば、作付面積という市場規模が縮小しているのでお決まりの田畑という既存顧客にしがみつくわけにいかず、未開の原野という新規顧客を探す。

市場環境が厳しくなるほど、営業は「鈍」が大事になる。厚かましさや図太さを培わなくては新規開拓で成果を到底上げられない。

既存顧客は下降線、新規開拓が業績回復の生命線

同社はコストカットだけでは生き残っていけず、売り上げの積み増しを図ることが急務だった。拠点の閉鎖や経費の削減、社員の削減は当座の「延命策」にすぎない。

それだとじり貧になるということは社長も重々承知していた。当社も「勝たせ屋」という自負を持つのでそれに甘んじるつもりは毛頭なかった。

とはいえ、数字の推移と当該市場の状況を踏まえると既存顧客の売り上げが伸びると考えにくかった。おおむねすべてが下降線を辿っていた。いま述べた「新規開拓」の成否が業績回復の生命線だった。

経営が苦しいのは同業他社も同じだった。飽和市場での新規顧客は商品の既購入者であり、

◆新規開拓の変化と効果

市場	成長市場	飽和市場
対象	バージンカスタマー	ライバルの既存顧客
商品	未購入者	既購入者
実態	トライアルユース促進	ブランドスイッチ促進

↓

Wの効果
自社売上増加
他社売上減少

ライバルの既存顧客となる。つまり、「ブランドスイッチ」を促す。成長市場での新規顧客は商品の未購入者であり、バージンカスタマーとなる。つまり、「トライアルユース」を促す。対照的といえる。

パイの拡大が見込めない飽和市場での新規開拓は、自社の売り上げを伸ばすとともに他社の売り上げを凹ませる「Wの効果」がある。これが潰すか潰されるかという戦いになる理由である。

しかし、同業他社とまったく横並びというのではさすがに成果を収められない。当社がクライアントに示す数式は「売上（成果）＝商品力（売り物）×営業力（売り方）」である。

商品力に関しては新規商材を取り扱うほか、既存商材を活性化する。後者は魅力を磨くとか加える、あるいは訴求の切り口を尖らせるなど渾身の知恵を絞る。

相手に突き刺さらないことには新規開拓をスタートさ

せられない。

そのうえで、これを「トークスクリプト」「汎用提案書」「サーベイシート」などのベーシックな営業ツールに落とし込んでいく。むろん、既存深耕・既存拡大などの「開発営業」にも使える。

当社はテレアポ代行や営業代行を請け負った経験から、非接触型のウェブ商談で新規開拓を進め、しかも接触型のリアル商談に劣らない顧客増加・売上増加を果たせるという読みがあった。同社の場合はオンライン商談システムで完結しにくく、大きな流れは「ウェブ商談⇩リアル商談」になる。おそらくどちらも男性社員が受け持つことになる。はっきり言って、その能力は備わっていなかったが、営業ツールなどの助けを借りながら場数を踏んでいけば、不思議とやれるようになる。

若い頃の私も当社の社員もやっているうちにできるようになったというだけであり、特段の秘策はない。案じるより挑んでみることだ。

パンデミックで企業活動が止められる非常事態へ

同社がインサイドセールスの併用に踏み切ったところで、新型コロナウイルスのパンデミックが起こった。日本でも国策により経済活動や企業活動が止められた。予期しえなかった非常事態に直面することになった。

東京など大都市部では男性営業社員が週2～3日の出社に留め、テレワークで不慣れな商談を行っている。同社は前年からウェブ商談の準備を進めていたおかげで同業他社よりこうしたインフラを早めに使えたことがせめてもの救いといえた。

当社は社長に突然せかされ、先に述べた営業ツールにブラッシュアップをかけて「新規開拓ツール」を作成することになった。

ウェブ商談で好ましい成果を収めるには職場の日次報告や営業会議で用いる「営業帳票」も作成しなければならない。開発営業の推進に絞り、案件育成の支援を行うのが主眼である。同社が続けてきた通常営業と次元が異なり、導入済みのSFAが役立たない。

社員一人ひとり、拠点それぞれについて数字づくりの意欲と実態が丸裸になり、うかうかできない。競争心がおおいに掻き立てられる。

何のことはない、営業も顧客もウェブ商談を歓迎

同社は倉庫のような物流センターを兼ねた小さなオフィスビルを数棟持っている。担保にな

るので倒産に至ることはないが、赤字が膨らむ拠点における「止血」が先決である。合わせてウェブ商談による新規開拓に注力しようとしているが、営業ツールや営業帳票などの「環境整備」が間に合わない。これは「収益伸長の黄金比」の下半分を占める。当社が精一杯急いでも半年は要する。

同社は本社と大都市を除いてオフィスが賃貸であり、家賃負担が重くのしかかっていた。大慌てで契約面積の縮小や契約の解除を行っている。また、決して大きくない本社ビルの一部フロアを賃貸に回そうとしているが立地が悪いこともあり、このご時世では入居者がつくまでに時間がかかる。

私はいささかせこいと思ったが、なりふり構っていられないらしい。社長は「社内を引き締める効果がある」と語った。なるほど。

いまや顧客が商談はウェブ、さらに互いに在宅勤務でも不都合がないと思いはじめ、態度が「ウェルカム」に変わった。むしろ営業社員の訪問を嫌った。

同社ではもともとリアルでなければならない商談などたいして行われていなかった。今後の方向性としては内勤女性社員の拡充と戦力化で通常営業をまかなう。そして、外勤男性社員は肥えた獲物のハンティングに励む。給料に見合った役割分担と使命がはっきりする。

パンデミックはセールスイノベーションの試金石

同社は創業以来初の苦境を打破しようと直接競合にやや先行してオンライン商談システムを導入し、インサイドセールを実践した。これが結果としてパンデミックの困難を乗り越えるうえでプラスに働いた。

実際には同社にも悪影響が及んだ。ところが、決算が「減収増益」になった。おそらく出張や移動の多い販社や問屋などに共通する。営業活動の諸経費がいかに大きいかを再認識する機会になった。それをなくすと会社が豊かになり、社員が楽になる。

企業がITやAIなどによる営業DXを取り入れる動きが本格化するのはこれからだろう。非科学的な勘と経験が幅を利かし、「生産性」という概念がほとんど存在しない暗黒大陸だった。足を運ぶことを前提とした商取引に捉われていられない。

そうした観点から述べれば、パンデミックは元気を失いつつある中小企業、衰えが目立ちつつある大手企業における「セールスイノベーション」の試金石となる。

収益獲得の中核機能を担う営業の効率と効果を高め、ライバルを圧倒する端緒にすることができるかどうか。社員とその家族を守るべき社長の能力と決断が問われている。

経営を巡る環境がますます悪化する2020年代に入り、通常営業でじり貧を避けられなくても開発営業に挑もうとする気持ちがないとしたら会社が回っていかない。営業変革が待ったなしの状況で「やらない理由」を探すのに忙しい幹部や社員は一人もいらない。

同社が直面していた急激な縮小市場では「残存者利益」を手にするほかに消滅をまぬかれない。となると、やはりウェブ商談による新規開拓への邁進が不可欠である。ただし、それは営業任せでなく会社全体で取り組むスタイルになるはずだ。

（中小／販社◇部品・素材）

12 研修・訓練用に蓄積した膨大な営業コンテンツを棚卸　規範データでAI上司、指標データでIT上司を開発

❖背景・状況

フィールドセールス、新規開拓の成果ががた落ち

同社は規模の大きい市場でビッグスリーの一角を占め、数千名の社員を抱えている。この業界ではフィールドセールスが必須となる。ストック型ビジネスの要素を持つが、それでも「新規開拓」による数字づくりが業績維持のためにも地位確保のためにも不可欠である。

同社が展開する事業、提供する商品の特性上、コンサルティングセールスとソリューションセールスの性格を帯び、求められる営業水準はきわめて高い。商品にはサービスが含まれる。

しかし、先端技術の進化や購買行動の変化にともない、業界ではウェブを活用した「リード獲得」が増えていた。同社も対抗策としてウェブサイトの拡充やウェブ広告の展開を重んじ、資料請求サイトへの登録も行っていた。

▽営業コンテンツ棚卸
集約・取捨・整理
ブラッシュアップ
▽営業プロセス設計
コアコンテンツ作成
行動指針
▽営業尺度作成
プロセス精細化
行動規範
▽営業帳票作成
プロセス精細化
行動指標
面談有効度設定
▽営業デジタル化
営業ニューノーマル構築
▽AI上司「サルトル」開発
営業規範データ生成
AIアプリケーション化
▽IT上司「ニーチエ」開発
営業指標データ生成
ITシステム化
▽営業ツール作成
プロセス具現化
セールストーク標準化

当該市場は飽和状態に突入し、生き残りをかけた競争が激化していた。新規開拓といっても対象となるのはライバルの既存顧客が大半である。したがって、バージンカスタマーの取り込みでなく、他社から自社への切り替えを促す「ブランドスイッチ」になる。

バージンカスタマーの取り込みについて説明を補えば、自社も他社もすでに幾度か働きかけており、社員がテリトリーを歩き回っても目ぼしい見込客に出会えなくなっていた。

ゆえに、自社へのロイヤリティの高い「既存深耕」に加え、事業のうまみを味わった「競合奪取」が欠かせなかった。

当時は見込客の発見だけでも大きな労力と時間と費用がかかり、なおかつ新規開拓の成果ががた落ちだった。

❖施策・措置

頭痛の種は営業教育・指導の有効性の低下と判明

同社の営業推進部が当社のホームページで謳う「営業立て直しによる業績回復」に興味を抱き、問い合わせを寄せてくれたことがきっかけになった。

ところが、面談を重ねるうちに直接的な関心が顧客増加や売上増加に向かっておらず、頭痛の種は気の遠くなるようなエネルギーを注いで確立した「営業教育・営業指導」の有効性の低下にあると判明した。

同社には営業社員・営業活動を支援する部署がいくつかあり、それぞれが役割分担に基づいて業務を着実に遂行してきた。営業の数字づくりのインフラはおおよそ整備されていたが、現場の成果を伸ばせなくなった。

かつて経験したことのない業績の低迷に陥り、営業統括役員など経営層にも動揺と焦りが広がっていた。とはいえ、十分な体力を備えた優良企業なので、当社は取り組みのスピードを求められたわけでない。

営業推進部はこれまでやってきたことの延長では成長を取り戻せないと、行き詰まりを感じていたようだ。当社は数字づくりに特化したコンサルタントならではの新しい発想による新しい取り組みを求められた。

同社は業界でも「営業が強い会社」として知られていた。営業支援部署はいずれもエリートの集まりである。相談というかたちだったが、彼らなりに何が問題なのかにうすうす気づいており、「課題仮説」を持っていた。

ただし、その「解決策」のイメージが湧かなかった。何をどのように進めるかはもっと分かっていなかった。逆に言えば、自分たちでやれることはやり尽くしていた。

混乱する本社スタッフの頭を整理する資料を作成

本社スタッフは社長や役員から「何とかしろ」とせかされていたせいか、かなり混乱していた。表情からも読み取れる。

当社はややあって果たすべき役目が腑に落ちた。何はさておき、議論の収拾がつかなくなっていた状態を解消することだった。つまり、彼らの頭を整理する。

具体的に述べれば、同社の営業に関わる「課題」を精査し、「解決策」を提示する資料を作成する。ただし、後者はざっくりとした枠組み・仕組みと実行スケジュールでいい。営業強化・業績回復のための取り組みのアウトラインを描写する。

大企業では珍しくないが、どこかの部署が主導して資料をまとめないと一歩も前へ進むことができないが、自力で行えず当社に頼ってきた。

営業推進部はそれを用いて営業支援部署とのすり合わせや根回しを済ませたうえで、取締役会での承認を目指す。

この作業は当社の営業活動の一環となる。これまでに講師派遣による社員研修を除き、口頭で伝えて本格的な業務受託に至ったクライアントは少ない。提案書という形を取ることもあるし、再生計画という形を取ることもあるが、きちんとした資料はつくってきた。

が、先方が希望するアウトプットは無料で行う営業活動のレベルをはるかに超えていた。スタッフがしばらくかかりきりになるので、実費程度はいただくことにした。

話し合いを終えたところで「秘密保持の約束」を差し入れ、当社は営業推進部を手始めに営業支援部署などに対するヒアリングを行った。徐々に顧客理解が深まった。

あちこちの部署に散らばっていた資料も提供された。これで最後かと思うと、次回の面談で追加される。正直、目を通すだけでもおおごとだった。初めは感心したが、後になるにつれて出来が悪くなった。しまいに訳が分からなくなった。

資料の取りまとめに何だかんだで3か月を要した。それ自体は参考資料になり、そのエッセンスが「稟議書」となり、役員会で予算がついた。経過説明は割愛するが、同社とのやり取りは二転三転し、途中で投げ出したくなった。

こうしたプロジェクトやタスクフォースは動き出すまでが難儀である。体制が充実した大手企業ほど関係部署や取締役におけるコンセンサスに骨が折れる。散々振り回された挙句、合意に至らない事態も珍しくない。

当社のタスクは膨大なコンテンツを棚卸すること

遠回りしながら固まった仕事を明らかにする。

当社が驚いたのは、研修部が作成したコンテンツのボリュームである。インストラクターに代々受け継がれ、おもに追加による改訂を繰り返すうちにどんどん膨らんでいった。これは集合研修などのＯｆｆＪＴでテキストになる。

また、それがさらに部門・拠点などの管理者向けのコンテンツに編集加工されていた。かなりのボリュームである。これは現場訓練などのＯＪＴでマニュアルやチェックリストになる。にもかかわらず成果が振るわなかった。当社の経験に照らせば、コンテンツがよくないか、使われていないか、そのいずれかもしくはいずれもが原因である。

同社から開示されたコンテンツは部署により作成する目的・方針・手法などが異なり、水準も出来もばらばらだった。およそ実用的でなく、自己満足でつくっているのでないかと疑いたくなるものまで含まれる。

概して、複雑すぎるし、錯綜しており、営業現場から遊離してしまっている。このコンテンツを集約・取捨・整理し、全体の整合性と完成度を高めることが先決でなかろうか。

そうなると、同社が膨大に保有するコンテンツの「棚卸」という作業を引き受けることになる。ブラッシュアップにより数字に直結する知見の体系として確立するとともに、その利用定着の仕組みを構築する。そこまでが当社に期待されるタスクでないかと考えた。

次に述べるが、①営業プロセス設計（行動指針）、②営業尺度作成（行動規範）、③営業帳票作成（行動指標）の順序である。

何のことはない、営業立て直しの推進と成果創出の支援に当たる当社が請け負ってきた仕事の中身と大差がない。この結論にたどり着くまでに猛烈な寄り道をしたことになる。

最初にコアコンテンツとなる営業プロセスを設計

当社が最初に着手したのは「営業プロセス」を設計することだった。これは営業ステップと営業アクションから成り立つ。営業強化はもとより、営業変革を推し進めるうえで「コアコンテンツ」となる。

開発営業、なかでも新規開拓を念頭に置き、スタートからゴールまで社員が踏むべき段階、取るべき行動を定める。結果となる数字をつくるための原因となる行動の指針といえる。

◆営業特性の分類

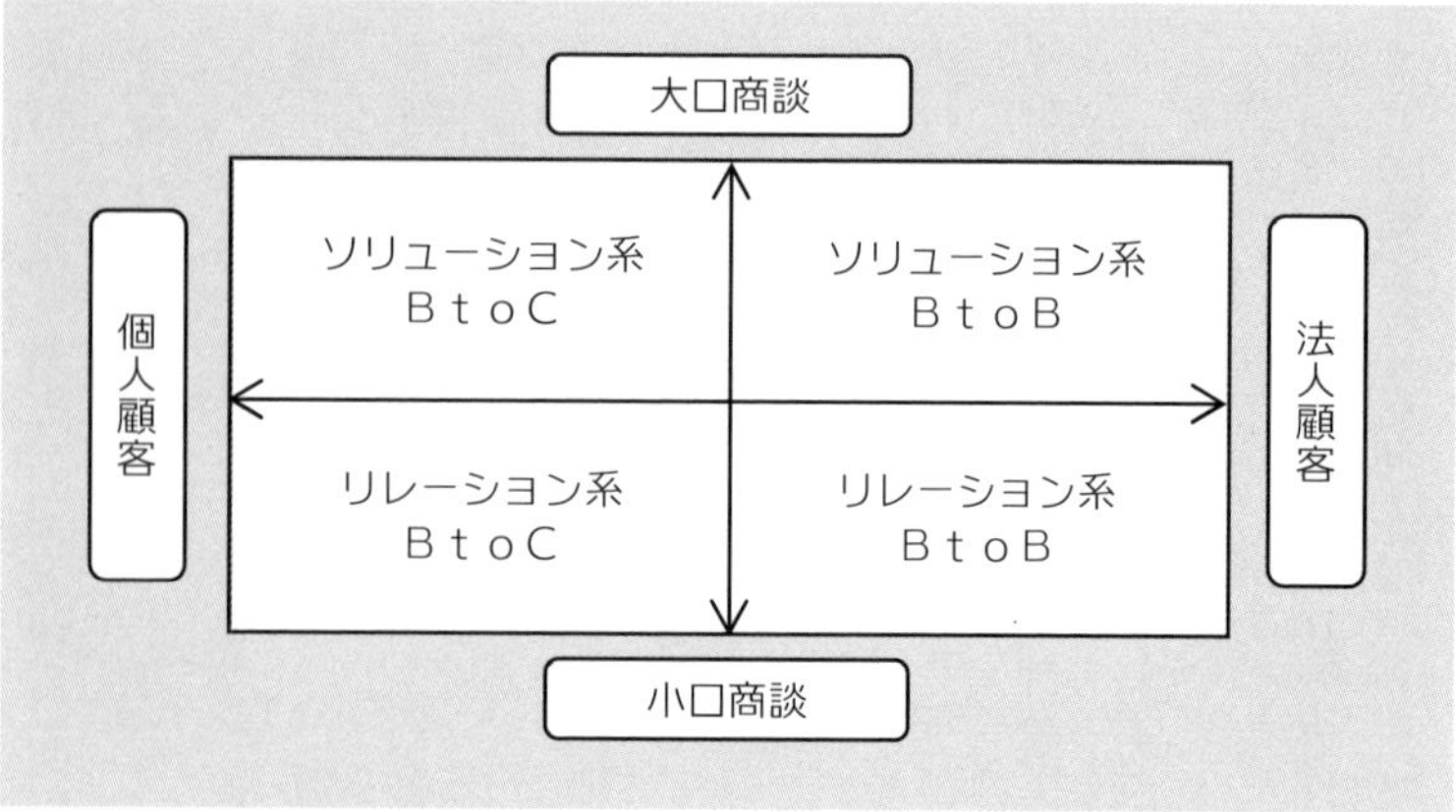

ついては、当社は真っ先に「営業特性」の違いを押さえる。代表的な分類方法を図版で示した。

横軸に「顧客」を取り、左側を個人とし、右側を法人とする。縦軸に「商談」を取り、上方を大口とし、下方を小口とする。これにより、「ソリューション系BtoB」「ソリューション系BtoC」「リレーション系BtoB」「リレーション系BtoC」という営業特性の異なる4つのゾーンが出現する。

私が請け負った経験では6ステップ〜十数ステップに収まる。ソリューション系BtoBは多く、リレーション系BtoCは少ない。私は「提案営業」の教育と指導に傾注していたこともあり、課題解決への貢献を最重視する右上ゾーンをおもに手がけてきた。

ちなみに、営業プロセスには成績上位の社員グループを対象としたアンケート、質問・観察調査で得られる知見を取り入れる。成績下位の社員グループと比較

◆営業ノウハウの構成

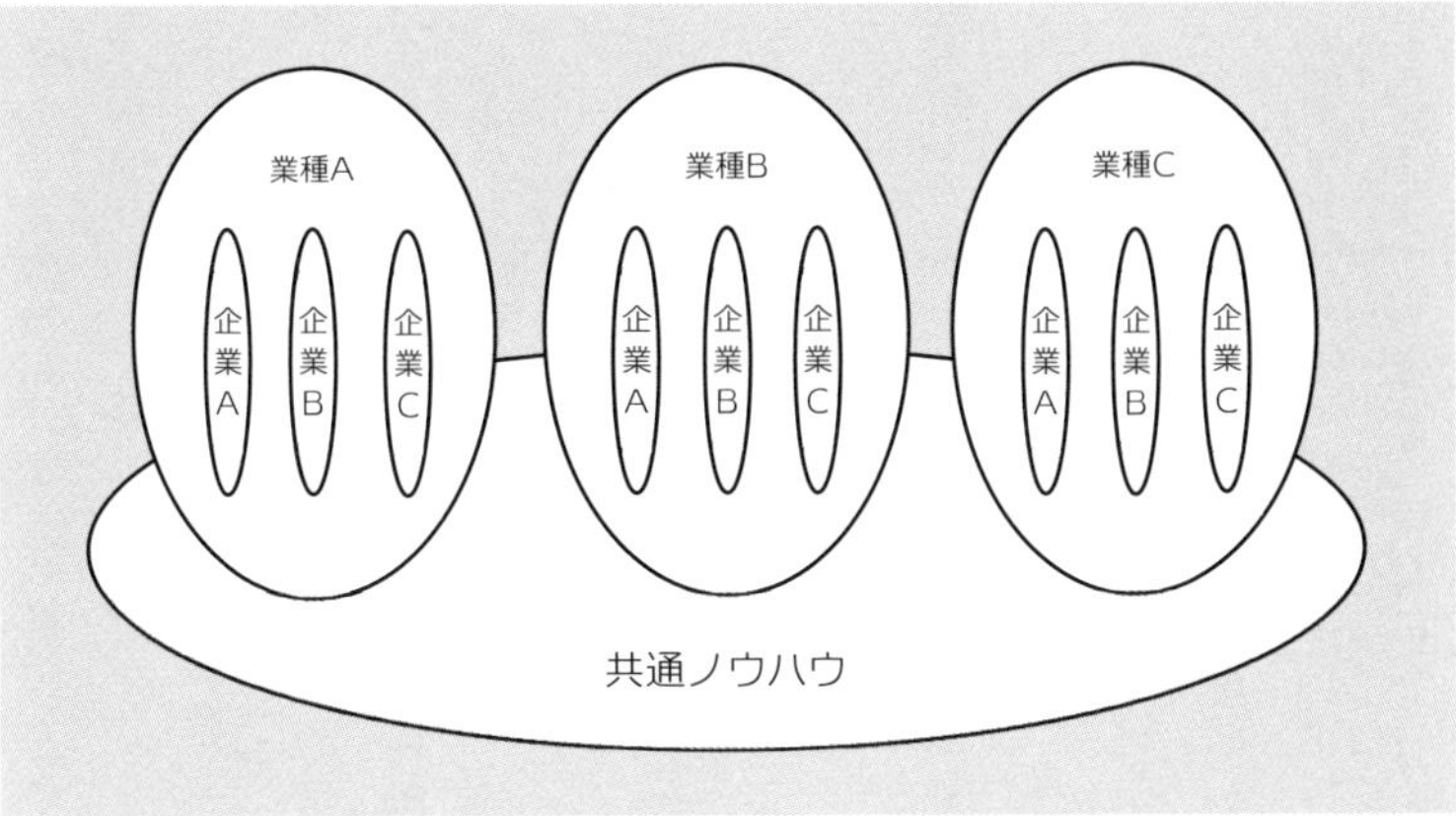

すると精度が一層高まる。

それゆえ、プロセスは営業社員の選考の目安としても使える。筆記試験や面接よりもプロセスに沿ったロールプレイを行うほうが適性や資質を見極めるうえではるかに有効である。配属後に「しまった」という眼鏡違いが起こらない。当社は優秀な人材を確保できない企業の「採用改革」も手がけてきた。

しかし、営業プロセスを構成する知見は共通のノウハウが過半である。業績不振企業では「うちは特別」「うちは特殊」と勘違いしている。ところが、当社は特別な営業活動、まして特殊な営業活動を一度も目の当たりにしていない。業界・市場に特有のノウハウが多少である。企業に特有のノウハウは若干である。とはいっても、こうした多少や若干のノウハウを定めるのが苦労である。

同社は典型的なソリューション系だったが、Ｂｔｏ

CとBtoBの中間の性格を帯びていた。難度がとても高い営業活動だったので、プロセス設計では普通はそこまでいらないという踏み込みが必要だった。

当社は専門家としての経験と見識を持つが、同社から開示されたコンテンツを尊重することは述べるまでもない。仮説としてのプロセスを決めたうえで、各ステップに取りあえずコンテンツを放り込んだ。大雑把な分類作業である。ちなみに、最終的なプロセスはコンテンツと行き来しながら固めていく。

プロセスは顧客への誓い、営業の法令順守を担保

営業プロセスは「当社で働くからにはやり抜く」という社員の掟である。それをあくまでも「顧客第一」の観点から定めることがミソである。すなわち、営業活動における社員から顧客への誓いであり、当社はときに「営業憲章」と呼ぶ。

憲法が定められていなければ、国家を治められない。フィールドセールが中心になり、ブラックボックスに置かれる営業に憲法が定められていなければ、顧客接点は「自社第一」の嵐が吹き荒れて無法地帯と化しやすい。

念を押すまでもなく、営業における最大のコンプライアンスは「カスタマーファースト」の

徹底である。社員は主役の共感と信頼を得られるように顧客価値の最大化にフォーカスして営業活動を進める。それが本社と現場に浸透していれば、不祥事は起こりようがない。

実は、企業は営業研修と称し、「顧客から得る」ための勉強を行ってきた。どうしたら商品が売れるか契約が取れるかに関心が片寄っており、これが自社第一である。当社が一度もぶれずに行ってきたのが、「顧客に与える」ための教育である。どうしたら面談への満足を高められるかに情熱を注いでおり、これが顧客第一である。

同社では法令順守の啓蒙に注力してきた。しかし、顧客に過大な利益を伝える「オーバートーク」に留まらず、何らかの損害を与える「受託契約」の問題がしばしば発生していた。あまり表沙汰にならなかったが、インターネット時代では悪い噂が一気に拡散する。営業活動に逆風となり、そうでなくても困難な新規開拓を至難にする。大規模なクレームに発展することもありうる。

また、会社としてのイメージの悪化や業績の下落など、被るダメージは計り知れない。世間から「ブラック企業」と見なされて優秀な人材に敬遠され、採用に支障が出る。最悪の場合は会社そのものが傾く。

健全・安全な企業経営には営業における「リスクマネジメント」が不可欠である。それを担保するのがコアコンテンツとなるプロセスといえる。

プロセス精細化で「営業尺度」を作成する作業へ

当社は設計した営業プロセスを精細化して「営業尺度」と「営業帳票」を作成する作業に取りかかった。

営業尺度の作成について述べる。

当社は数多く携わるなかで培った勘が働くので、先のプロセス設計とこのプロセス精細化はおおよそ並行させた。手間も費用もかなり減らせる。

仮説のステップに分類したコンテンツを一つひとつ吟味していく作業である。その「簡素版・骨格版」が営業プロセス、その「詳細版・肉付版」が営業尺度という関係である。同社ではステップが多くなり、ステップごとのアクションも多くなる。これは会社としての「簡易営業マニュアル」を兼ねる。また、部下が自分を評価する際、上司が部下を評価する際の「営業チェックリスト」を兼ねる。

しかも、定めたアクションを取らないと次のステップへ進めないように設計している。つまり、行動を飛ばして段階を駆け上ることができない。常識といえるが、クロージングで断られるわけでない。必須の手続きを端折ったために営業活動の終盤で「断り」として表れる。そうした事態を防ぐ。

このプロセス設計と尺度作成には半年近くを費やした。材料となるコンテンツが膨大だったからであり、地味な作業を泥臭く続ける根気というか、執念が欠かせない。

「丸投げ」という表現は適切でないが、当社の手腕を買って一連の作業を任せてくれた。複数の営業支援部署から細かいチェックが入るのではないかと思っていたが、すんなりと受け入れられた。自分たちが関わる気力が失せていたのかもしれない。

プロセス精細化で「営業帳票」を作成する作業へ

営業帳票の作成について述べる。

当社は同社の営業活動における数字づくりの急所となる「面談有効度」を探ることから始めた。予算目標というKGIにたどり着く過程の「KPI」に当たる。顧客接点で取られている営業行動が成約に結びつく「確度」を表す。

この面談有効度を構成するエレメントはいろいろある。どんな要素が顧客増加、販売・受注増加に影響を及ぼすかを突き止めるとともに、要素ごとの重みづけも行う。営業プロセスはその重大な要素となる。

営業区分・対象・特性などをリサーチも絡めながら解析する。例えば、本社のスタッフへのヒアリング、現場の管理者と担当者へのヒアリングとウオッチングである。

また、市場環境・競争環境を踏まえた経営戦略・営業戦略とリンクさせることもある。

KPIの究明は営業立て直しのコンサルタントとして一番の「腕の見せどころ」である。これまでに培った知見を総動員しており、業績回復・拡大を成し遂げられるかどうかはここにかかるといっても過言でない。なお、「セールスアセスメント」の主要な指標ともなり、人事考課に反映させられる。

そして、このKPIを落とし込んで営業帳票を完成させる。訪問の件数や頻度といった量的評価に加え、面談の中身や価値といった「質的評価」を行えるようになる。

社員は進行中の案件について「目論見」を上げてくるはずだが、同じ金額でも営業活動の序盤・中盤・終盤では「リアリティ」がまるで違う。例えば、営業プロセスを考慮するだけでも予定と実績の食い違いが小さくなる。しかも、導入後の利用と並行して面談有効度の精度を向上させていくことで狂いをもっと減らせる。

これにより、社員ごとに、部門・拠点ごとに先々の収益形成や予算達成を見通せる。年度末に出た結果が目標に届かなくて青ざめる事態もなくなる。

営業帳票は日々記入するのは当然とし、毎夕の日次報告、毎月の営業会議で用いる。案件育成の意欲や実態がグラフでビジュアル化されるので、社員間・組織間の競争も刺激される。部下も上司もＫＰＩに照らしながら営業活動の生産性を高められる。

さらに、収益伸長の即効性の強いＯＪＴが定着する。実地ＯＪＴの同行営業に劣らず重要なのが「日次報告」である。場所の観点では職場ＯＪＴになる。しかし、おもに面談の再現を行うので、中身の観点では実地ＯＪＴになる。

留意点を述べれば、上司が部下から日次報告を受け、そのなかから案件のにおいを嗅ぎ取った次回面談に同行営業をかけるという関係になる。それは単独営業から「組織営業」へ発展させることも意味する。概して、社員の水準が低いところほど一人で動いている。勝ち組は職場や会社を挙げて優良顧客や大口商談の獲得を目指す。

また、日次報告のなかで放っておけない弱点や欠点に絞り、当日もしくは次回面談までにロールプレイを済ませる。上司の指導を相撲の世界にたとえると、親方の務めは弟子が土俵で勝てるように稽古をつけることである。この練習がしどろもどろの状態だとしたら、本番は悲惨である。上司は部下が一定水準に達するまでトレーニングを施す。

なお、当社は営業尺度と営業帳票を納入して手を放すわけでない。完璧を期したつもりでも実際には細かな支障や欠陥が出てくることがある。その後の一定期間は利用に寄り添い、営業支援部署のスタッフ、営業現場の管理者や担当者の感想や意見を聴取しながら使い勝手と完成度を磨いた。そこまでが専門家の責務といえる。

❖経過・結果

市販のSFAやCRMでは成約の後押しが困難に

同社は集合研修などの営業教育、現場訓練などの営業指導に大勢の専任の人材を配置していた。人件費などに莫大な経費がかかったが、会社が掲げた高い予算目標を「強い営業」が達成して着実な社業発展を遂げてきた。

しかし、当時は壁にぶち当たり、創業後初めての深刻な業績不振に陥り、なかなか抜け出せなかった。営業強化のありようを見直さないとまずいとの危惧が上層部に広がっていた。

同社はもともと開発営業が大半であり、しかも比重が既存深耕から新規開拓へ移っていた。そのうえ、他社から自社への切り替えという「競合奪取」に変わっていた。社員が味わう苦労は並大抵でない。

また、市場規模の縮小と市場競争の激化が進み、市販のSFA・CRMでは成約の後押しを望めなくなっていた。営業推進部をはじめとした支援部署はそこに気づいていた。営業管理においても独自のインフラを築く必要性があった。

また、どの企業でも人手不足による求人難が深刻化していた。なかでも営業職の希望者が激減していた。同社は営業活動が難しいうえに組織風土が厳しく、営業社員の定着が悪かった。欠員を新卒採用で埋められず、中途採用で一年中補わざるをえない状況だった。

面接に対応する人事部だけでは済まず、配属前の教育を実施する研修部、配属後の指導を担当する現場のすべてが疲弊していた。そうした人材育成の効果と効率を高める決め手を模索していた。

そこに当社がタイミングよく関わることができた。コンサルタントという仕事は縁や相性も大事になると改めて感じた次第である。

営業ニューノーマル構築に営業デジタル化が必須

当社は営業プロセスを精細化して営業尺度という行動規範と営業帳票という行動指標を確立し、受託契約の範囲内の業務を無事に終了した。しかし、同社には未解決の大問題が残されたままだった。

そもそも相談が寄せられたきっかけは手に負えないほど膨らんだコンテンツをブラッシュアップすることだった。それと社内でコンテンツが生かされておらず、その利用を定着させる仕組みをつくることだった。

「コンテンツをよくすること」と「コンテンツが使われること」という2つの条件をクリアし、はじめて成果創出に寄与する。

しかし、当社が作成した営業尺度と営業帳票は研修部のインストラクターと現場のマネジャーに提供されただけである。その利用が人間の意思と裁量に委ねられた状態は何一つ変わっていなかった。つまり、定着に関する施策が存在しなかったことになる。

これらは紙ベースのアナログ利用に閉じ込めるかぎり限界がある。有用性を如何なく発揮させるには「プログラミング」によるデジタル利用へ押し広げることが絶対条件となった。

同社が当社に業務を委託した最終的な目的は開発営業の円滑化、案件進捗の加速化、商談成立の確実化による業績回復・拡大に尽きる。残念ながら初回契約の範囲ではそこまでたどり着けない。

同社ではセールスイネーブルメントの概念に即した「営業デジタル化」へ突き進もうという機運が熟していなかった。人力に頼るという古い体質を引きずっており、2020年代における「営業ニューノーマル」の構築を視野に収めていたわけでない。

営業DXの導入を決断するには営業支援部署のリーダーの牽引はもとより、営業統括役員の力添え、社長の旗振りが必須となる。それなしに全社的なプロジェクトに仕立てられない。当社の力不足もあり、そこまで同社を誘導することができなかった。

営業規範データを生成しＡＩ上司「サルトル」へ

当社が最初から念頭に置いていたその後の取り組みについて述べる。早い時点で仮説提案のかたちで同社にアウトラインと概算予算は示してあった。先の営業尺度と営業帳票は「収益伸長の黄金比」の下半分を占める「環境整備」の右下に位置する「営業情報」に当たる。ＡＩを用いるにしても、ＩＴを用いるにしても、このアナログコンテンツに基づくデジタルデータの「精度」が営業ＤＸの有効性を左右する。

営業尺度をブレイクダウンして体系化することで「営業規範データ」を生成し、それをプログラミングして「顧客接触指南」を担うＡＩアプリケーションを開発する。表情解析や言葉解析を絡めたエキスパートシステムである。当社ではＡＩ上司「サルトル」と呼んでいる。

これは数字を決定づける「行動変容」が主眼であり、商談手法・営業話法を自動的に改善する機能を持つ。社員全員・商談全件に対するリアルタイムフィードバックが特色である。

幾度も述べてきたが、研修会場での教育よりも顧客接点での指導のほうが顧客増加と売上増加に断然効く。そうなると、上司に代わって「トップセールス」がつきっきりでアドバイスす

◆ＡＩ上司の端末実装による現場訓練

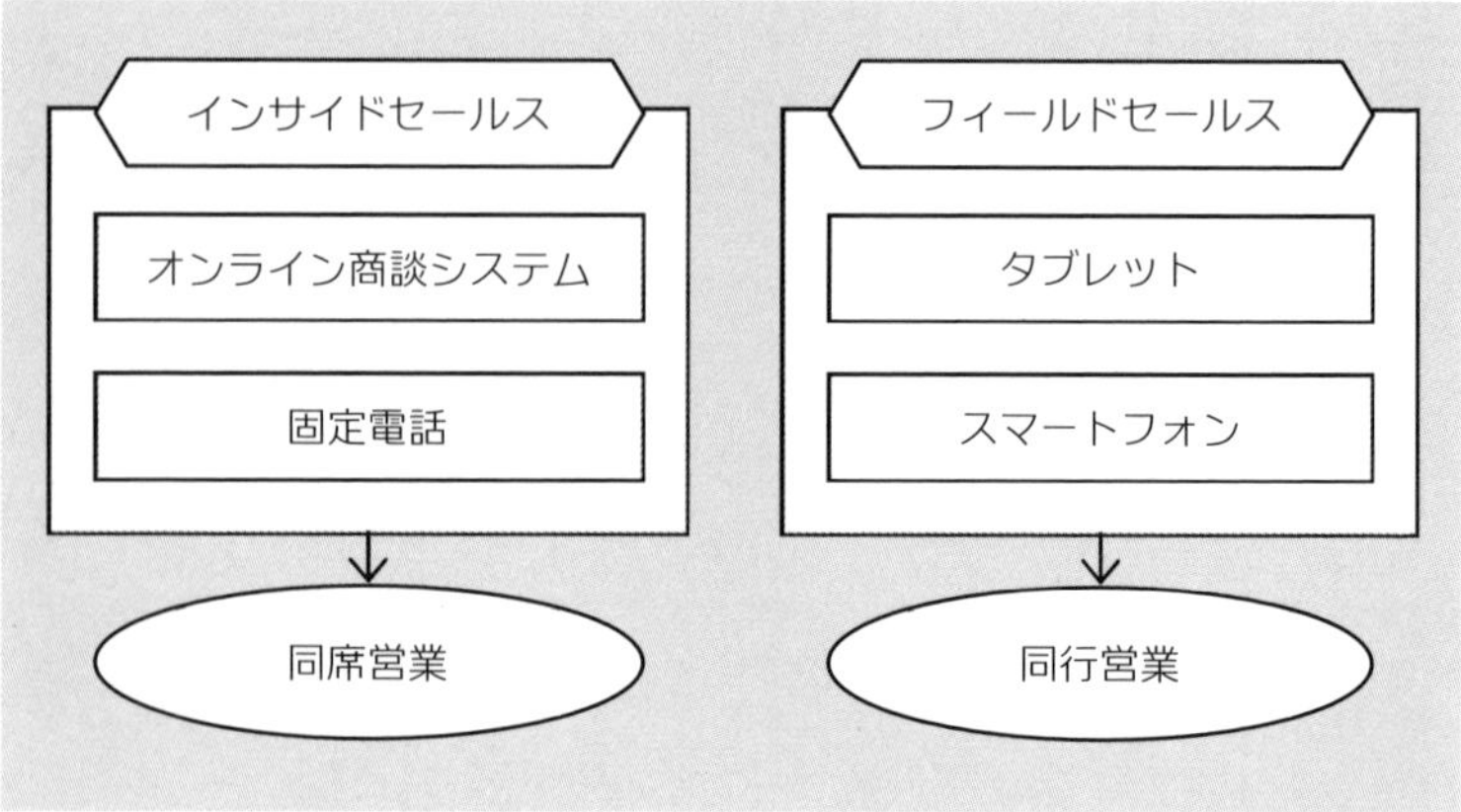

るイメージである。部下のスキルアップと上司の負担軽減が両立する。

　ＡＩ上司はフィールドセールスでタブレットやスマートフォンに実装して同行営業を行う。また、インサイドセールスでパソコンのオンライン商談システムに付加して同席営業を行う。固定電話にも実装することができる。アウトバウンド・インバウンドを問わずコールセンターでも便利だろう。

　オンライン商談システムについて説明を補えば、顧客への働きかけ、顧客とのやり取りを再生できることが大きな利点の一つである。動画や音声の保存を行わなくてもＡＩによるサマリーが残るので本人が後から振り返れる。上司や同僚も後から確かめられる。

　同社では本社が主導し、収益伸長に必須のＯＪＴを現場に徹底させようとしてきたが、狙いどおりに定着したわけでなかった。

◆同行営業が定着しない理由

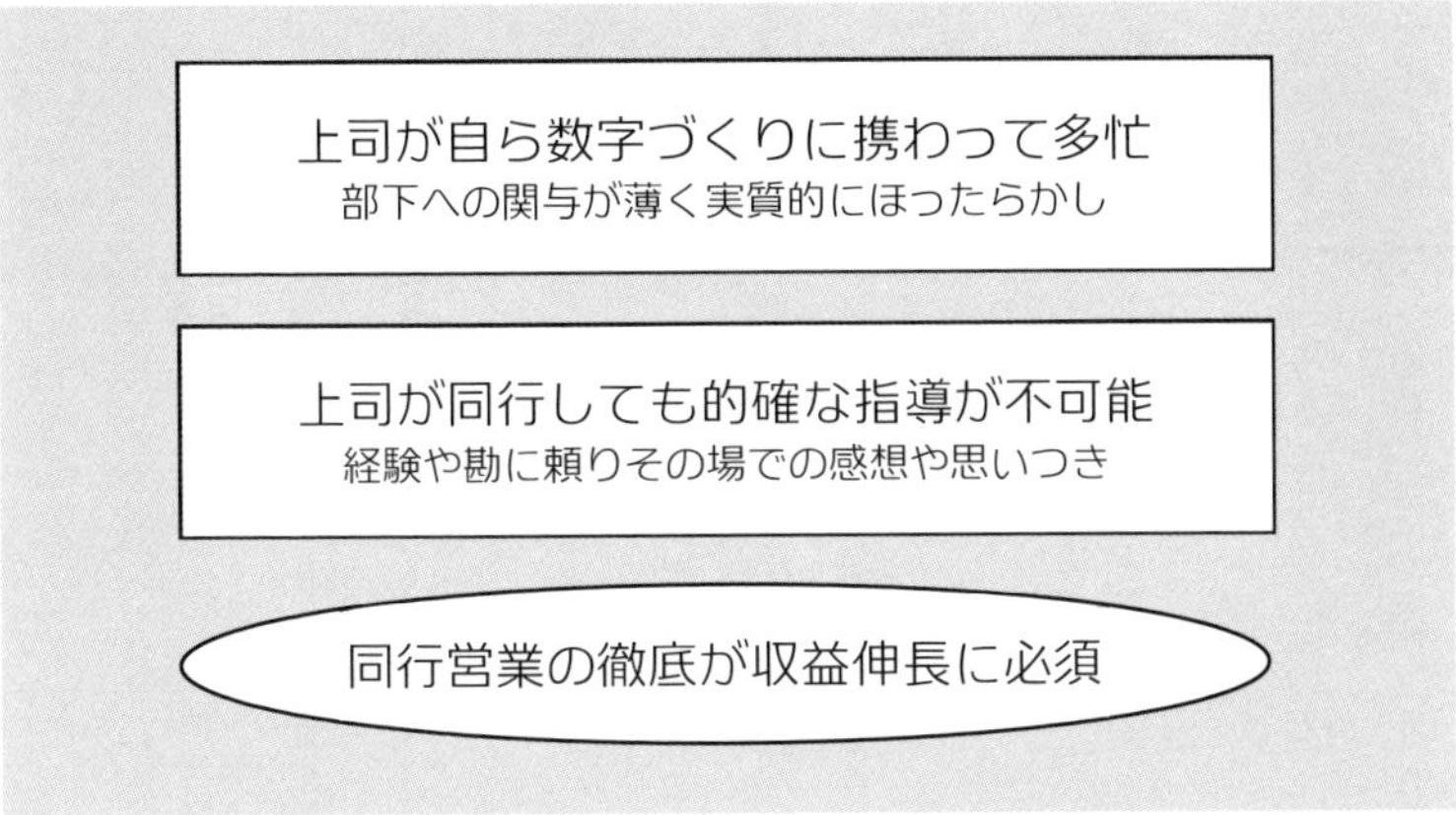
上司が自ら数字づくりに携わって多忙
部下への関与が薄く実質的にほったらかし
上司が同行しても的確な指導が不可能
経験や勘に頼りその場での感想や思いつき
同行営業の徹底が収益伸長に必須

上司が自ら数字づくりに携わって多忙を極め、部下の営業活動への関与が薄かった。実質的にほったらかしになっている。また、上司が部下に同行しても的確な指導を行えなかった。経験や勘に頼っており、助言や指摘といってもその場での感想や思いつきに近い。

とくに優良顧客や大口商談の取り込みでは高度なソリューションが求められた。ＡＩ上司がその進捗と着地をナビゲートする。

なお、顧客接点で刻々と生じるセールストークなどの膨大な「商談ナマデータ」をＡＩで処理した「ディープラーニング」によるＯＪＴも遠からず加わる。エキスパートシステムとディープラーニングの併用で判定精度が高まる。

商談前にヒントやポイント、商談中にカンペ、商談後にスコアやコメントを示すほか、営業社員がつかみにくい顧客・商談の有望度も科学的に見極める。

また、一握りの優績者に「属人化」しやすい良質な営業ノウハウの蓄積と共有が図られる。したがって、成果創出を異次元へ革新する。

ＡＩ上司は正確な採点を行えるので同社独自、営業版の「ＴＯＥＩＣ」に発展させられる。同社では都市ホテルで立派な食事と快適な宿泊をともなう優績者の表彰式を恒例開催していた。周到な演出が施された「セレモニー」のステージに立つことが営業社員のプライドでありステータスになっていた。

しかし、数字という結果の表彰はコンプライアンス違反を招く遠因になりやすい。契約至上主義・ノルマ至上主義の風潮がはびこっていく。

ＡＩ上司は行動という原因を評価する。しかもカスタマーファーストを拠りどころとしており、「倫理」が貫かれる。顧客接点で常時検証が行われ、不祥事発生の温床となる企業文化や組織風土まで変えられる。

営業指標データを生成しＩＴ上司「ニーチェ」へ

営業帳票をブレイクダウンして体系化することで「営業指標データ」を生成し、それをプログラミングして「案件育成援護」を担うＩＴシステムを開発する。当社では、ＩＴ上司「ニーチェ」と呼んでいる。

これは行動を決定づける「管理転換」が主眼であり、数字づくりの進捗状況を自動的に追跡する機能を持つ。結果管理⇩原因支援による開発営業・新規開拓加速が特色である。

すでに述べたとおり、社長や上司の管理が変わらないと社員や部下の行動は変わりようがない。そして、行動が変わらないと数字は変わりようがない。ＳＦＡ・ＣＲＭでは困難な社員の行動評価・売上予測を行う。日々の営業活動を記録するだけで当人はもとより職場、そして会社として案件創出・育成・着地をつかめる。

しかも、こうした数値データはグラフなどでビジュアル化しないと、原因となる行動と結果となる数字の相関を示せない。個人成績や組織業績の良し悪しの「因果関係」が一目瞭然になる。とりわけ成績不振の担当者、業績不振の管理者はなぜ数字が振るわないかが分かり、腰を抜かすほど驚く。

営業帳票だとパソコンを用いるにしろ、面倒な手計算での処理が欠かせない。同社では会社としても職場としても営業会議の準備が大変だった。期限ぎりぎりに上がってくる営業帳票を本社や現場が会議資料にまとめていた。この手間が毎月いらなくなる。

営業推進部は「市販のＳＦＡ・ＣＲＭは使えない」としばしば嘆いた。実は、当社もそう考える。同社が理想とする営業強化・営業変革を実現するには、セールステックとエドテックを融合させたオリジナルのＡＩ上司とＩＴ上司に任せるのが賢明だろう。

平素からニーチェとサルトルが愛されるならば勝ちっ放しになる。かつて大物の野坂昭如は「ニーチェかサルトルか」と歌ったが、いまや勝ち組は「ニーチェもサルトルも」と欲張る。

分散する営業支援の役割を統合して効果を最大化

巨大市場の大手企業では営業コンテンツの作成を受け持つ部署が幾つかあるとか、営業ツールの制作を受け持つ部署が異なる。また、販売促進部や宣伝部、広報部などが販売・受注に貢献を果たすことを求められる。

手厚いとも言えるが、それぞれが講じる打ち手がちぐはぐになり、全社的な観点では満足すべき効果を上げられないことも珍しくない。

こうした事態は企業規模の拡大につれて増え、社員が１万名を超えると間違いなく起こる。

そこで、注目を集めるのが先に述べたセールスイネーブルメントの概念である。その解決策として営業支援に関わる複数の部署を統括する正式なセクションを設置するか、それが社内事情から難しければ短期のチームを編成する。後者はタスクフォースの性格を帯びる。

要は、社内に分散する営業支援の役割を統合してパフォーマンスを最大化する。手強いライバルとの戦いを制するには、売り上げは営業部門がつくるという固定観念を捨て、会社としてつくる体制に改める。

これと密接に関わるが、負け組に見られず勝ち組に認められるのは、営業強化の打ち手を体系的に機能させていることである。

社員に果敢な行動を求めるのは勝ち組の共通点である。それは開発営業になるが通常営業に染まっていた社員はためらう。だからこそ、全社を挙げて支援することが不可欠となる。

私が関わった範囲では企業はおおむね「凡人」の集まりである。勝ち組に人材が集中しているわけでなく、新規開拓を助けるインフラが充実している。だれが取り組んでも一定の成果を収められるようになっている。

当社はとりわけ巨大企業において合意形成にこぎ着けるまでの手続きで消耗してきた。直接的な根回しは当社の窓口となるキーマンやセクションが行う。しかし、取締役を含む関係者の納得を引き出すための資料作成は当社が担う。その出来が悪ければ「破談」になる。

余談だが、同社では営業が「発言力」を持っていた。営業に関わる部長や役員に有能な人材がひしめいていた。派閥ができやすく、個人間・部署間の力関係も変わりやすい。互いにライバルであり、次のポストを狙ってアピールと成果づくりに励む。際立った実績を残さないと上層部への道筋を切り拓けない。職業人生の仕上げがかかるので必死である。

つきあう当社としてもつまらないところで気を使わされ、エネルギーを奪われた。こうした組織において全体最適を図ることはきわめて難しい。

営業教育がHRDに移管されると現場と遊離する

なお、大手企業では人事部の研修担当チームや教育部などが切り離されて「HRD」が設立されることがある。それにともない、集合研修のテキストが移管・更新される。このHRDでは考えつくかぎりの「カリキュラム」が揃えられている。彼らからすれば商品開発の努力の結晶である。

そうなると、社員が一人ひとりの課題に応じて受講する研修を選べる。しかし、実務に寄せているというだけで大学の授業のありようと大差がない。現場どころか中核企業・グループ企業から遊離しやすい。

一方、本社では現場訓練のマニュアルやチェックリストが保管・更新される。したがって、研修と訓練がつながりの薄いコンテンツで行われる。ときに矛盾する内容、衝突する内容が盛り込まれる。おのずと社員に混乱を来す。

営業部門・拠点の責任者がHRDの研修に不信感を抱く。自分が打ち出す方針や方策にマッチせず、足を引っ張られるという被害者意識を持つ。部下を研修に送り込むことをためらう。また、本社のスタッフ部門はエリートの集まりであるが、営業経験の乏しい社員が増えるにつれて現場と隔たりが広がる。懸命にやっていても「営業管理が煩わしい」「営業ツールが使いづらい」などの不満が聞こえてくる。

当社がしつこく説いてきたのは、業績向上を見据えた営業教育は経営上の重要課題に位置づけて実施するということだった。社員の自主性を尊重して受講させるやり方は数字づくりに結びつきにくい。そもそも営業の仕事は勉強ときわめて相性が悪い。おそらく戦後もっとも社員教育に熱心だった家電業界の凋落振りを眺めるとぴんと来るが、営業の水準が低い。

同社は別会社のＨＲＤを持っていたわけでないが、営業に関わる部署が幾つもあり、連携が取れているといえなかった。セールスイネーブルメントの概念を取り入れて支援体制を構築することが急務である。

営業ツールの精査が手つかずで先延ばしにされる

同社では営業ツールの精査が手つかずの状態だった。営業コンテンツほど部署は多くなかったが、それでも複数の部署が印刷物とパワーポイントによる出力物を作成していた。これだと

「営業プロセスツール」としての全体設計が覚束ない。社員がどの段階やどんな状況でどのように利用するかという営業ツールの種類と役割も定まりにくい。営業活動の実態や実情を知らない人間がつくっていると感じられるものも少なくない。

致命的なのは自社について語る「自社第一」という発想に基づいていることである。これだと「推奨ツール」にしかならない。顧客接点で使いづらく、効果を上げにくい。売ろうとして売れるなら営業活動に何の苦労もない。

具体的に述べれば、社員がセリングポイントの訴求という「自慢話」に留まるのなら、すべての顧客に共通するので印刷物で済ませられる。しかし、顧客はあらかじめウェブサイトなどで商品を調べ、知識を仕込んでいる。購買行動が変化しており、そうした「通り一遍」のトークは相手の心を揺さぶらない。

社員がベネフィットの描写という「個客本位」に徹するのなら、それぞれの顧客で相違するので出力物が欠かせない。この個客とは当該顧客という意味であり、法人・個人を問わない。そうした「ジャストフィット」のトークしか相手の心に響かない。顧客に応じた「編集加工」に手間がたいしてかからないことも条件となる。

実は、印刷物と出力物の特性や用途の違いも分かっていないスタッフが作成していることが多い。広告代理店や制作会社などの外注先のクリエイターも同様である。単に企画が面白いとか見栄えがいいとか自己満足で制作しても顧客増加や売上増加への寄与は限定的である。はっきり言って、新規開拓の後押しにならない。

当社がつくる営業ツールは主役である顧客の共感と信頼を得やすいように顧客について語る「顧客第一」という精神に基づいている。概して、人は自分が好きであり、「己」に関する事柄に耳を傾けたがる。

長らく営業が強いとされてきた同社でも社員が見込客と商談のテーブルに着くところまで進めないという事態が頻発していた。これを放っておいては業績をよくできない。

こうした問題を解決するには営業ツールの活用が最速・最善であることを営業推進部に何度か訴えたが、そこまでは手が回らないという理由で先延ばしにされた。必要がないという判断でない。

同社は営業ツールの威力を熟知しており、これはシェアを伸ばす企業に共通している。当社が知る範囲でも充実しているほうだったが、それでも推奨ツールの比重が高く、営業を巡る環境悪化には適応できていなかった。

ここで、営業ツールのなかでも使い勝手がいい「ベーシックアイテム」を示そう。

第1に、最初に先方に切り込むための「トークスクリプト」である。おもにテレアポで初回面談の約束を取りつける。

◆営業ツールの種類と役割

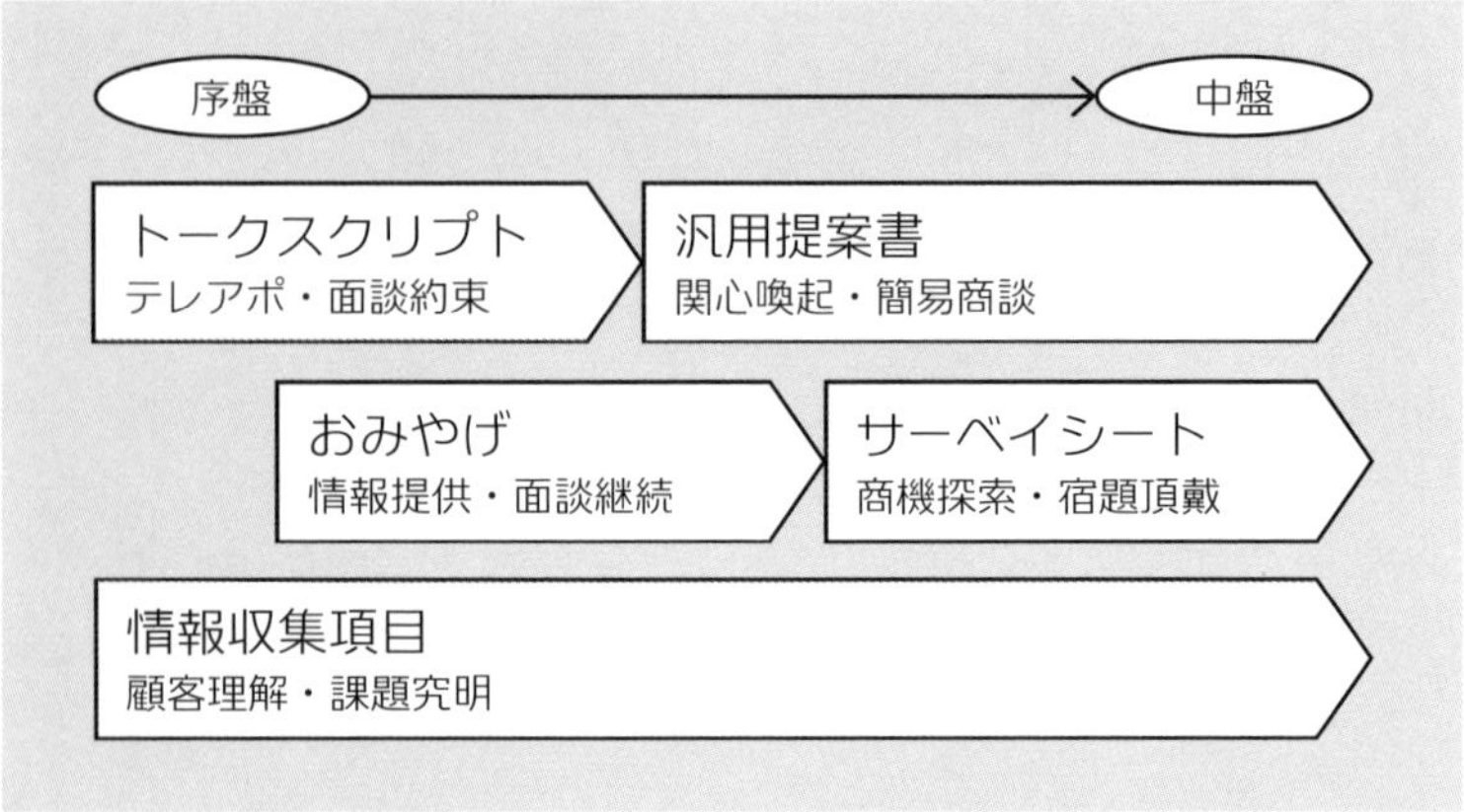

第2に、序盤で見込客の関心・興味を惹きつけるための「汎用提案書」である。名入れと編集加工ですぐに簡易商談を行える。

第3に、継続面談につなげるための「おみやげ」である。見込客に喜んでもらえる情報提供である。緊張緩和・会話刺激・距離短縮を図る。

第4に、次回面談までの宿題をもらうための「サーベイシート」である。手っ取り早くビジネスチャンスを探る。

第5に、質問や観察などで顧客理解を掘り下げるための「情報収集項目」である。最終的には課題を突き止める。

こうしたツールは開発営業・案件育成に適した「セールストーク」の標準化にほかならず、社員が前から順番に読むだけで面談の体裁を保てる。

ほかにもいろいろなアイテムがあるが、いずれも営業プロセスの具現化であり、進捗状況に応じて用いる。だからこそアプローチからクロージングまで社員をスムーズに導いてくれる。

なお、こうした営業ツールは営業活動の難度が高い業種・企業ほど、商談の金額が膨らむ業種・企業ほど効き目が大きい。逆に言えば、そうしたところでは社員への提供が必須となる。

営業ツールはデジタル利用で瞬時にアップデート

営業ツールは収益伸長の黄金比の下半分を占める環境整備の左下に位置する「営業道具」に当たる。数字への直結度、すなわち収益伸長の即効性において断然優れている。

社員が苦手意識を持ち、ストレスを感じて乗り越えられない新規開拓の序盤から中盤までを後押しする。つまずくところはおおよそ決まっており、そこを重点的に助ける。

営業ツールの根底に「習うより慣れよ」という考え方がある。それらを使ううちに見込客へ働きかけるコツ、見込客とやり取りするコツが身につく。社員が自ら踏んでいたブレーキを緩めはじめる。

ツールを与えることで普通の社員が「千人力」の営業に変わり、不振の社員が「一人前」の営業に変わる。したがって、新卒・中途採用者や配置転換者の戦力化も図れる。

なお、収益伸長の黄金比の上半分を占める「人材育成」の左上に位置する「営業教育」の教材、右上に位置する「営業指導」の手本にも使える。

しかも、いまや営業ツールは「デジタル利用」が主流となっている。インサイドセールスでパソコン画面に表示する。ウェブ商談では資料の充実度と完成度が進展の鍵を握る。フィールドセールスでタブレットなどの端末画面に表示する。

ならば、品質や機能の改良、仕様や価格の変更などのアップデートを瞬時に、しかも全職場

・全社員に同時に行える。

ツールでは情報収集項目が見込度と成約度を左右

同社では情報収集による「顧客理解」の深さと確かさが提案による「顧客貢献」の大きさと確かさを極端に左右していた。前者がインプット、後者がアウトプットという関係になる。平たく言えば、見込客の有望度と商談の成功率は情報収集で決定づけられる。

そこで、営業推進部は営業ツールのなかでも社員がおもに営業プロセスの序盤で取り組む情報収集項目の洗い出しに大変なエネルギーを注いでいた。ヒアリングとウオッチングの物差しにほかならない。

当社ではこれをデジタル化してAI上司による有望度の判定に生かせると考える。社員がこれらのうち、商機を構成する項目をどれだけクリアしているかを確認する。さらに、各人のフォーマットへの入力内容を評価する。これを端折ってステップを上がれない設計にする。

このAI上司の情報収集項目は顧客管理システムの代わりに使える。出来合いのCRMは案件育成を促す観点でつくられていない。

フィールドセールスの序盤だけでなくインサイドセールスのリード獲得でも役立つ。多忙な営業は可能性の低い見込客に手間をかけられず、なるべく早期にリードのスクリーニングを済ませたい。選別と見切りを兼ねている。

なお、フィールドセールスとインサイドセールスを異なる部署が担当している企業においてフィールドセールスの担当者が感じる不満はインサイドセールスが使い物にならないリードを寄こしてくるというものである。自分たちは薄いリードに振り回されているという「被害者意識」を持つ。

概して、インサイドセールスの担当者は成約に関わっているという意識が乏しい。初回面談セッティングの件数という量が目的となり、リードの価値という質に無関心である。

とくに案件営業が主体となる企業はこうした問題を抱えていることが多い。情報収集項目の整備と精査により、インサイドセールスでも担当者の勘や経験に頼らず、判定の理由と絡めてリードの有望度をつかめる。そして、フィールドセールスはそれらの情報も引き継いで初回面談を組み立てる。

市場環境の悪化につれて売ることが難しくなり、営業の切り分けが進んでいるが、なかなか望ましい成果を収められない。いまやＡＩの関与が不可欠である。

最後に、ＡＩ上司について説明を補いたい。開発をあまりおおげさに考えないことである。自社が抱える課題に応じ、数字づくりにおける重要度と緊急度の高い機能と効果に絞り込む。2つとか3つとか、シンプルなＡＩ上司として導入するのが現実的だろう。

プロローグで実現可能なＡＩ上司のパフォーマンスについて紹介した。しかし、「データ×ＡＩ」のどちらについてもいえるが、完全を求めると多大な困難がともなう。したがって、開発に膨大な労力と時間と費用がかかってしまう。ＡＩそのものも技術が発展しており、なおかつコストが低下している。

繰り返しになるが顧客接点でのアドバイスは圧倒的に社員を助ける。あれこれ欲張るより、すみやかに使うことを重んじたい。また、ＡＩ上司と呼んでいるが、ＩＴで発揮できる機能と効果も少なくない。中小企業でも何とか始められる。

（大手／管理◇管理・保守・工事・清掃・保安）

13 全商品のトークの雛形を作成、全社員が共有して利用 データベースに収録、コメントもチャットも自由自在

❖背景・状況

見積書中心の営業活動で価格競争に巻き込まれる

同社は住宅設備関連の販社である。機器や家具も取り扱う。商材が豊富であり、その施工や保守管理も手がけていた。設備の更新と絡めた比較的簡単なリフォームも請け負っていた。キッチン・バス・洗面台・トイレといった水回りが中心になる。

新設住宅着工戸数は長期にわたり減少が続いていた。住宅設備はマイホームの新築をきっかけに購入されることが多く、需要が落ち込んでいた。メーカー系を含めて無数のライバルがひしめき、なりふり構わぬ販売競争が繰り広げられていた。

営業活動は対象が一戸建てとマンションの住人である。チラシやウェブサイトでの引き合いのほか、既存顧客への不定期訪問時の御用に対し、見積書を出すやり方が大半だった。本社ビ

ル1階に開設した「ショールーム」の来店者を追いかけることもある。

しかし、社員がわざわざ動いても競合他社に相見積もりを取られたりウェブ販売と比べられたりする。容赦ない「値引き要求」に泣かされっ放しだった。加えて、当時は商談のきっかけそのものが減り、目も当てられないほど売上額が落ちていた。頼みの施工も利益率が下がっていた。

▽セールストーク雛形
手順・法則設計
テンプレート作成
トークマニュアル兼用
▽トーク研修テキスト
ロールプレイ
▽トークデータベース
コメント機能
チャット機能
▽トークＡＩ判定
商談ＯＪＴ機能
採点・助言

❖施策・措置
セールストークの集合研修の実施は不要との判断

きっかけは営業企画部のスタッフ2名が当社主催の『セールストーク研修』に参加したことだった。おもにＢｔｏＣ営業を行う企業で採用されてきた集合研修を東京地区の会場で公開セミナーとしても実施していた。

これは「共感話法」と「真逆話法」を柱としており、厳しい市場環境でも販売・受注を増やせるベーシックである。とはいえ、トークにまつわる常識を否定し、思い込みを是正する大胆な内容であり、受講者はなぜ成績が伸びないかが嫌というほど分かる。

彼らは本セミナーで衝撃を受け、3つの気づきを得た。

第1に、営業社員が受け身どころか待ちの姿勢だったこと。

第2に、商談といっても価格面の駆け引きにすぎなかったこと。

第3に、自社第一に染まり、顧客第一と正反対だったこと。

ちなみに、同社はホームページで「顧客第一」を謳う。

わりと高額商品の個人向け営業ではリレーションの形成が重要になる。「価格競争」を避けるには見積書を出す前に自社が顧客から選ばれていることが条件である。それはトークのありようにかかっている。

ついては、商談に入る前に「相談」に乗るという基本姿勢を重んじる。顧客に歩み寄り、家族の生活や人生に寄り添うようにして共感と信頼を培っておく。しかし、売り込みくらいしか経験したことのない営業社員の意識と営業活動の水準は恐ろしく低かった。

同社との初回面談では意外な方向へ進んだ。社員は「相手に話せる」というだけで「相手を惹きつけられる」わけでなかった。当社のそうした指摘は認められたが、集合研修の実施は不要との判断を下した。

これは「収益伸長の黄金比」の上半分を占める「人材育成」の左上に位置する「営業教育」

である。ＯｆｆＪＴに当たる。同社はそこに関心を示さなかった。

主要商材のセールストークの雛形を整えてほしい

結局、同社のオーダーは主要商材のセールストークの「テンプレート」を整えてほしいということだった。当社は手本となる営業話法の「雛形」の作成を請け負った。公開セミナーの内容の具現化をこちらで代わりに行うのだ。自分たちでは無理と決めつけているのか、それとも面倒臭いだけなのか。

これは収益伸長の黄金比の下半分を占める「環境整備」の左下に位置する「営業道具」である。収益伸長の即効性において断然優れる。

しかも、ツールというより、営業社員が繰り出すトークそのものをつくるというストレートな要求だった。当社ではこの規模のクライアントに全商品のそれを提供した記憶がない。徹底ぶりが凄い。

裏を返せば、同社はそれくらい数字づくりに困っていた。確かに、集合研修による営業立て直しにはいくらか時間を要する。業績回復を諦めていないが、人材育成を投げ出しているとの印象を受けた。いろいろな営業研修を行っても目に見えた成果として表れず、落胆していたのだろう。

ただし、このテンプレートは単なる「エグザンプル」と違う。顧客をいち早く自社に振り向かせ、徐々に成約へ導いていくトークに仕立てるには、営業活動と同様に手順と法則を尊重しなければならない。成績を伸ばせる営業話法のプロセスとルールと言い換えられる。

当社はそれを設計したうえで、丁寧につくり込んでいった。土台となる組み立てがきちんと固まっているので、おのずと「トークマニュアル」を兼ねられる。

雛形は研修テキストとデータベースに展開・利用

このセールストークの雛形は同社で次の2つに展開・利用した。

第1に、「トーク研修テキスト」である。

本社や拠点で必要に応じて行う研修における教材である。ただし、レクチャーは最小の時間に抑え、大半の時間を「ロールプレイ」に割く。自社と顧客という役割分担に基づく模擬商談である。とくに意識しなくても繰り出せるようになるまでトレーニングを重ねる。はたで眺めると「かけ合い漫才」に近い。へとへとになるが、笑いも起こる。

そして、トークの手順と法則に関する記述はレクチャーに該当する。

◆セールストークの雛形の展開・利用

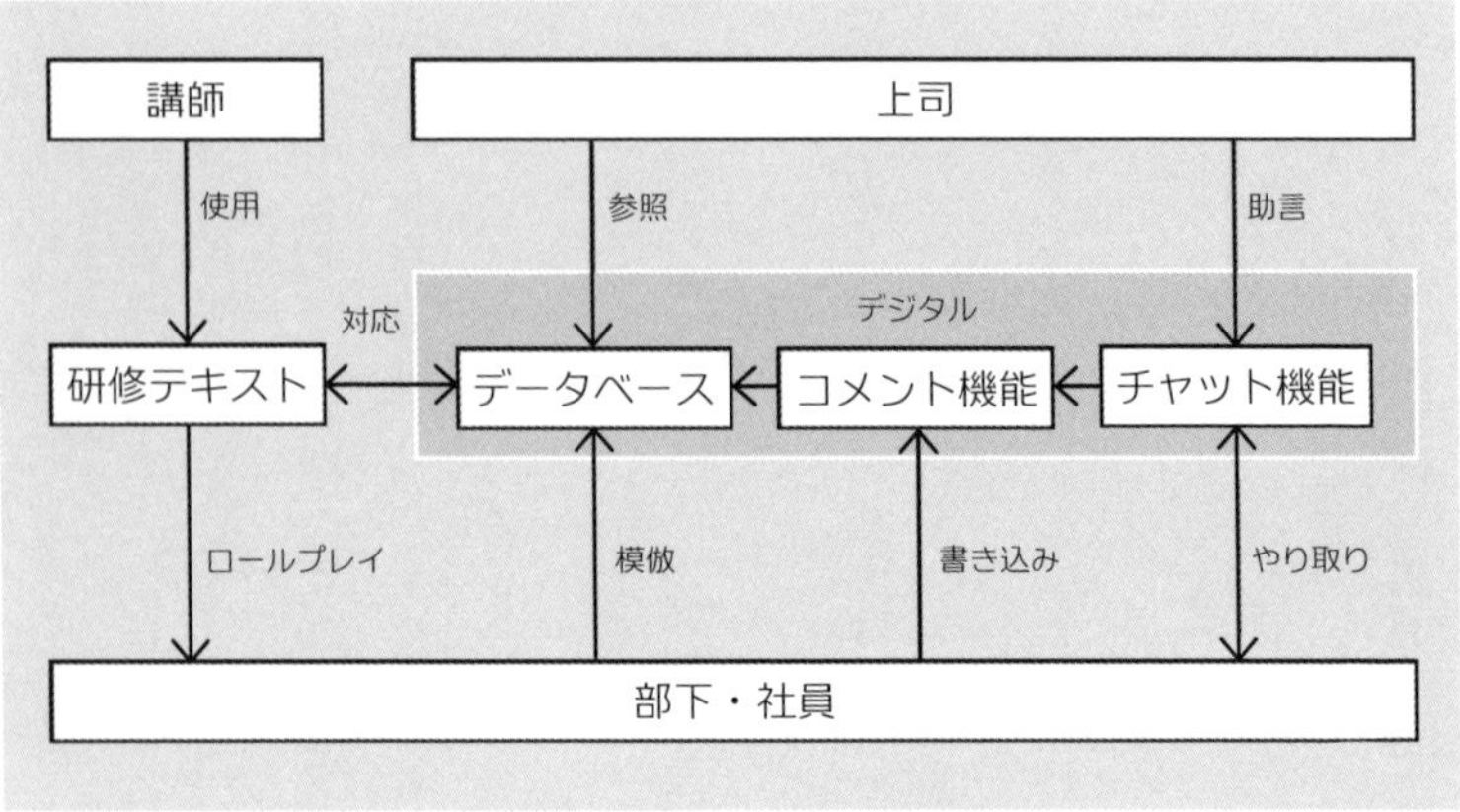

同社では本社のインストラクターと拠点のおもに責任者が講師を務めていた。また、要請に応じ、本社が拠点へ出向いて講師を務めていた。こうした練習帳のような教材がきわめて大事になる。

経営層から振るわない数字を責め立てられていた営業企画部の本音は社員に顧客接点でそのまましゃべってほしいということだったと思う。芝居の台本のように丸ごと暗記してしまう。ならば、成り行きに柔軟に対応できる。

第2に、「トークデータベース」である。

紙で利用する研修テキストに対して、デジタルで共有する。データベースに収録し、しかも「コメント機能」を添えた。社員が顧客接点で行った創意や工夫を自由に書き込める。雛形のアレンジの事例が蓄積されるにつれ、より実践的なデータベースに育った。

後日に「チャット機能」を加えた。コメントや事例を見た社員が素早いレスポンスややり取りを行える。これが上司と部下の間なら「同行営業」に近い効果が得られよう。

コメントとチャットが自由自在になって大勢が高頻度でアクセスし、同社の営業活動になくてはならないインフラとして定着した。部下に助言を与える上司も参照できる。

せっかく渾身の知恵を絞って最良のトークを標準化しても、社員が使いやすいかたちや仕組みにしないと顧客増加・売上増加に直結しない。

商材の複合提案による付加価値と差別化を心がけ

面談では相手も状況もその都度異なり、トークも異なる。したがって、社員がそのままなぞるだけで済ませられる話法はつくれない。しかし、用いるうちに「顧客第一」が身につく話法の基本形はつくれる。実は、ここが成績優良者と成績不振者を分かつ。

当社は長年、クライアントで同行営業に携わってきた。社員に新規開拓に挑ませるとたちどころに「営業力」を見極められる。

トークがあまり変わらない社員が大部分であり、成績が劣っている。かたや、どんどん変わる社員が一握りであり、成績が優れている。

自社の「セリングポイント」を訴えると同じになり、顧客の「ベネフィット」を描くと変わる。セリングポイントとは優位的特徴、ベネフィットとは利益・利便・利点などの効果と考えていい。前者が「自社自慢」、後者が「顧客本位」の営業話法である。当然ながら、自慢話は変化しない。

概して、業績不振企業では商談手法だけでなく営業話法について難しく考えすぎる。自社について語るのが自社第一であり、顧客について語るのが顧客第一である。後者に沿ったトークを提供することが当社の突出した特徴といえる。

同社は社員が足を運んでおり、それなりの金額の案件に育てないと採算が取れない。テンプレートの作成では商材の「複合提案」による付加価値と差別化を心がけた。トークは商品別に編集しているが、いずれも大口商談に発展する可能性を秘めている。なぜなら、語ることでなく尋ねることが中心になっているからだ。相手にしゃべらせることを主眼にしている。

それにより住まい方や過ごし方、暮らし方、楽しみ方、ふれあい方、育て方、見守り方などにおける悩み事・苦しみ事・困り事という「ＮＡＫＵＫＯ」が分かり、商機が広がっていく。「顧客は泣く子を抱えて途方に暮れているから助ける」というのが、相手から支持される営業姿勢である。

いくら複合提案がキモになるからといって自社の目論見や算盤勘定で営業活動がうまくいくはずがない。情報収集による「顧客理解」を踏まえ、幸せや豊かさを追い求める。決め手は商品を売ることでなく顧客と家族の生活や人生に役立つことである。

実際、住宅設備はライフステージ・ライフスタイルにより、ライフイベントにより新規や更新の需要が生まれる。これらに留意しつつ究極の雛形に磨きあげるのは骨が折れた。

❖経過・結果

AIなら外勤は同行営業、内勤は同席営業が可能

住設市場そのものは縮小に歯止めがかかっていないが、業績が底を打って上昇へ転じた。営業企画部は勢いに乗り雛形を端末機器と先端技術で活用しようとしている。

社員がフィールドセールスで持ち歩くタブレットやスマートフォンで面談前に参照する。言わば「あんちょこ」である。さらに、インサイドセールスを併用しようとしており、オンライン商談システムで面談中も表示しておける。

社員がこれに従ってトークを展開することで相手の目が潤みはじめる。営業話法の基本とは「愛」を伝えることである。当社はトーク研修で成績不振の最大の理由は顧客に対する「愛情

不足」に尽きると説いてきた。

同社がセールステック&エドテックを用いるなら、こうした問題を容易に解決できる。大口商談の種を蒔き、芽を育むうえで欠かせない「情報収集項目」も端末機器に収められる。質問と観察のための物差しにほかならない。

繰り返しになるが、リレーション主体の個人向け営業はトークの良否・巧拙が成果創出を決定づける。実は、雛形をデータ化して先端技術のＡＩで処理することができる。プロセスやルールも反映されているので、これと照合することでトークの採点・助言などの判定を自動的に行える。長年にわたって成績を押さえつけてきた間違いや勘違いも改まる。

収益伸長の即効性が高い外勤での同行営業と内勤での「同席営業」は上司でなく正解を搭載したＡＩが代行する日が近づいている。

（中堅／販社◇住宅・建材・住設・家具・什器）

エピローグ

a　勝ち組のお墨つきをもらう

◈「馬鹿の一つ覚え」でも立派な勝ちパターン

私は過去に執筆したすべての本がそうだったように四苦八苦して原稿をまとめた。数えきれないくらいの見直しと手直しを行った。

営業立て直し・業績回復のコンサルタントとして試行錯誤のなかで確立した「ここに持ち込めば大丈夫」というセオリーとノウハウに基づいた取り組みの事例である。

自分としてはクライアントごとに最適な打ち手を講じたつもりだったが、おおむね「収益伸長の黄金比」を適応しており、せいぜいそのバリエーションに留まる。つくづく「ワンパターン」と気づかされた。

しかし、私は近年、高収益・高賃金で知られる企業の管理者や優績者と公開セミナーの休憩時間などに会話を交わす機会があった。そして、比率の若干の違いこそあれ、勝ち組では収益伸長の黄金比を構成する4要素を高次元でバランスさせていることを知った。とくに意識されることもなく営業の職場に根づき、営業の「ＤＮＡ」として受け継がれていた。

自分の発明と思い込んでいた私は気落ちしたが、これまでやってきたことに「お墨つき」をもらった気分にもなった。大きな成果は偶然でなく必然だったことになる。

ちなみに、収益伸長の黄金比に即した4要素の打ち手を社長が包括的に受け入れてくれたクライアントで営業強化・営業変革の失敗事例はない。

本書を執筆するに当たって久し振りにホームページを覗くと従業員数がけた違いになり、規模が格段に大きくなった企業もあり、誇らしかった。

自分を指すのだが、私は「馬鹿の一つ覚え」を大切にしてきた。明治大学を5年かかっても卒業できず、そもそも難しいことは行えない。しかし、社長と同様、コンサルタントも「結果がすべて」という世界で働く。たとえ一つ覚えであっても、それを用いた成功事例が出てくれば立派な「勝ちパターン」となる。

◎パンデミックで仕事を振り返る機会

私は2020年3月にパンデミックで収入源となる営業教育と営業指導の仕事が見事に蒸発した。どちらもフェイス・ツー・フェイスやマン・ツー・マンで行うことが前提である。クライアントが政府や自治体の「3密回避」の指針に従い、一斉にキャンセルした。予定がそれなりに埋まっていた愛用の手帳が真っ白になった。

私は世界景気の自律反転が迫っているという危機感を抱いていた。2008年9月の「リーマンショック」から十年以上が過ぎており、いつ起こっても不思議でない。そうした思いは私に限らなかったはずだが、おそらくだれも「新型コロナウイルス感染症」の世界的大流行までは予見できなかった。

日本では緩やかな景気の追い風が吹いていた。が、緊急事態の発生を受けて人の移動と接触が制限され、社会活動も経済活動も停止してしまった。多くの企業が逆風にあおられ、困難や苦境に直面することになった。当社も状況は深刻だった。

本書に収録した事例では営業活動の苦労に一切触れていないが、実際には社員を含む粘り強い働きかけにより仕事を受託してきた。公開セミナーや個別相談の機会を軸にしたのは確かだが、その前やその後の接触のほうがもっと大変である。そして、クライアントが予算を手当てする2月前後に次年度の仕事が固まる。

私自身は60歳頃から飛び回ることが難しくなった。パンデミックをきっかけに再び営業活動に動くとし、うまくいったところで2020年度の売り上げにならない。営業ツールや営業コンテンツの作成といった一部の仕事を除き、私はやることがなくなった。

しかし、過去に請け負った仕事を期せずして振り返る機会が得られた。いつ企業活動が通常に戻るかも見通せない状況で、私は「ステイホーム」の要請を守り、書斎に閉じこもってデスクワークに没頭する時間をいやというほど取ることができた。

おもに再生・再建系のコンサルタントとして携わった業務のなかでも大きな労力と時間を注いだ約百件に絞り、曖昧な記憶を辿って原稿に書き起こした。

この間、座りっ放しになった私は下半身がやせ細った。やがて原因不明の疲労感と倦怠感に襲われ、無気力にベッドに横たわる日々がしばらく続いた。後で知ったのだが、「サルコペニア」を発症して身体機能が著しく低下していた。

一気に食べる量が減った。また、歩行スピードが遅くなり、買い物などで妻に置いていかれた。とくに脚の筋力が落ちていたようである。室内の段差のない床で転んでしまったときには悲しくなるというより呆れてしまった。そこから軽い体操や運動を日課とすることで体調不良から抜け出し、原稿を書き終えた。

そして、幾度も手を入れているうちに原稿量が次第に膨らみ、単行本にして千ページほどの文字数に達した。これらの事例に私が確立したセオリーとノウハウを盛り込むなら書籍として刊行できるかもしれないと考えた。

◎百件の事例を4グループに分類

この事例は俯瞰すると、以下の4グループに分けられる。すべてが数字づくりを重視していることに変わりはないが、取り組みの対象となる領域・範囲が異なる。

第1グループは「営業立て直し」である。

苦境打破、顧客増加・売上増加の成功事例が中心になる。目標未達・前年割れを抜け出せる営業立て直しの急所と実際が腑に落ちる。「収益伸長の黄金比」に基づく包括的な取り組みである。1年で黒字転換、2年で業績拡大、3年で勝ち残りへ、組織ぐるみで開発営業・案件育成を推進している。雇用維持、現有戦力の底上げと再配置で実現しており、リストラによる支出削減でなく営業強化による収入増加に軸足を置く。「営業限定の本格事例」といえる。

第2グループは「短期業績回復」である。

シンプルに販売・受注を伸ばした成功事例が中心になる。一点突破、スピード重視の危機克服に絞っており、短期業績回復の具体策が腑に落ちる。売上不足を諦めることなく、商談成立のボトルネックの解消とピンポイントの補強により、社員一人ひとりの成績をすみやかに改善している。じり貧・どん底は営業を変える好機であり、不況対策・事業継続・企業再生にも直結する。「営業起点の簡素事例」といえる。

第3グループは「売上重視改革」である。

営業変革に加え、商品・事業・経営変革の成功事例が中心になる。逆境から会社と社員を守るための売上重視の全社改革が腑に落ちる。生きながらえることが先決であり、業績責任を負う上層部が即断即決の勝負手を放っている。いずれも再生のムーブメントを盛りあげており、奇跡の快進撃は「リーダーシップ」から始まった。なあなあの企業文化、ゆるゆるの組織風土も一掃している。「営業起点の応用事例」といえる。

第4グループは「未来志向営業」である。

アナログのナマ事例とデジタルの活用事例が中心になる。販売・受注のありようが変わり、未来志向の営業強化が腑に落ちる。古臭い常識と前例に捉われることなく、成果創出の「これまで」と「これから」を明示している。DXも駆使した、2020年代における勝ち残りへの衝撃シナリオである。なお、リアル商談・ウェブ商談の併用により至難の売上増加と人員削減の両立も可能になる。「営業限定の発展事例」といえる。

以上。これらは『数字づくりに困ったら読む本』という性格を帯びている。ちなみに、本書には第4グループに分類された事例のうち13本を収録している。

b 本書を出したそもそものきっかけ

◎見込客から「業務履歴」の提出要求

本書の叩き台となる原稿をまとめたそもそものきっかけについて明かす。恥ずかしながら、私の意思でない。

２０２０年2月、ソリューションが必須となるＢｔｏＢ市場でトップシェアを有する大手企業からホームページを通じ、新規開拓の成果向上に関する問い合わせが入った。

私は電話でやり取りを行ったうえで営業統括部に足を運んだ。先方はとりわけ営業ツールの即効性に興味を持ったようであり、その場で話が弾んだ。そして後日、メールで「業務履歴」の提出を求めてきた。

実は、当社は社長からじかに受託する「特命案件」が大半であり、そうした資料を用意していなかった。営業立て直しによる業績回復に携わった経験や実績がわりと知られていた。

私にとり先方の要求は意外だった。過去に一度もなく、正直に言えば「むっ」とした。しかし、クライアントは生き残りや勝ち残りをかけて業務を委託しようとしているのだから選択に慎重になるのは当然と思い直した。

世の中のコンサルタント会社は見込客の問い合わせや引き合いにスムーズに対応できるように何らかの資料を用意しているはずだ。冷静になった私は自らの驕りと怠慢を反省した。

私は受託業務の記録を残していなかったわけでないが、会社・案件、業界・市場、規模・形態などが一覧できる実績表にすぎない。取り組みのあらましさえろくに記していない。つねに何本かの仕事に急き立てられるように前のめりで取り組んでいた。

全力で職業人生を突っ走ってきた私は２０２１年に７０歳に達する。

おおよそすべての業界に関わったが、同社が属する市場に深く入り込んだことがなかった。また、同社は著しい成長を遂げる競合企業にシェアで抜かれかねないところまで追い詰められており、その勢いを食い止めることが急務だった。仕事のやりがいを大切にしてきた私は同社に貢献できるという気持ちが湧きあがった。

業務履歴の提出要求を受け、私はこれまでに携わった仕事を振り返り、職業人生の集大成として資料化するのも悪くないと思った。

その矢先にパンデミックが起こった。私が暮らす横浜でも外出がはばかられる状況になり、執筆に時間を使うほかにやることがなくなった。

◎顧客と一緒に課題解決に取り組んだ記録

受託業務の実績表を眺め、私はいろいろな記憶がよみがえってきた。

ちなみに、手がけた仕事は合計１２００件くらいでなかろうか。４０歳以前のプランナーとして年間５０件前後で８百件。それ以降のコンサルタントとして年間十数件で４百件。プランナー時代の記録はほとんど残っていないが、それほど外れていないはずだ。

このうち大きな手間を注いだのが約２百件である。となると、１年当たり数件にすぎない。

社員やアシスタントはもちろん、優秀なフリーランスの力を借りることもあった。私自身は年中無休、昼夜を問わず頑張ってきたつもりなので、件数のあまりの少なさに愕然とした。

このうち約百件の業務に絞って文章化していった。

なお、商品・事業・経営などに関する企画・開発業務を記そうとすると「テーマ」に触れざるをえず、クライアントが特定されやすい。取り組みの事例が営業変革に偏り、商品変革・事業変革・経営変革がきわめて少ないのはそのためである。

私は業務履歴がだいたい整った時点で提出した。ざっと目を通してくだされば仕事の内容がつかめる状態になっている。先方の依頼からかなりの日数が経過していた。

しかし、当社があれこれ請け負っていることに驚いたようで「何が得意かを教えてほしい」という反応が返ってきた。どうも話が噛み合わない。

当社は数字づくりに特化したコンサルタントであり、おのずと営業強化・営業変革の仕事が多くなることは先方も承知していたはずだが、「強み」を知りたいとのことだった。

実は、自社が得意なことを手がけたわけでない。あくまでも「カスタマーファースト」に基づき、顧客と一緒にプライオリティをつけて課題解決に取り組んできた。業務履歴はその記録にすぎない。

結果として、収益伸長の黄金比を構成する4要素に関わる打ち手を網羅した。その延長や発展で、ほぼすべての業界・市場のマネジメントとマーケティングに関する企画開発・教育指導を網羅した。

◎とんちんかんなやり取りに終始

コンサルタント会社は商品が無形のサービスになり、何を提供するかはクライアントの状況や水準により異なる。あらかじめ得意という「売り物」を決めて面談に臨むわけでない。

当社が営業活動で重んじてきた「ベストソリューション」では売り物の手がかりを顧客の側に探っていく。営業はもとより商品や事業、経営における課題を突き止めることで解決に最適なサービスをようやく固められる。

当時は同社への訪問もままならなかった。部長の人事異動と部門の方針変更が行われ、うやむやになってしまった。立派な企業規模でありながらコンサルタント会社とのつきあいが一度もないことが関係しているのかもしれないが、当社に「＊＊屋」という明快な括りを求めていた。業務特性・内容が彼らの理解の範囲を超えていて不安を覚えたようだった。

私は営業そのものを分かっていない企業が増えていると感じる。弱体化に歯止めがかからない道理である。同社に「顧客第一」を商談手法や営業話法に具現化することの重要性を説いたが、そのイメージが湧かないらしく、とんちんかんなやり取りに終始した。

当社はクライアントにおける成果創出にフォーカスして有効な打ち手を毅然かつ粛々と講じてきた。それらをまとめたら業務が多岐にわたっていた。本書を刊行するきっかけをいただいたことに感謝しつつ、この仕事を納得してもらうことの難しさを改めて思い知らされた。

私は両親がどちらも「アルツハイマー」の家系であり、発症へのカウントダウンが始まっていると思われるが、残り数年を最後の貢献に費やしたいと燃えている。ただし、それが遺伝するかどうかも定説がないらしいが、私としては覚悟を決めたうえで働いている。

◎自己流なりに進め方・やり方を標準化

私は根っからの「勉強嫌い」であり、とくに文字化された知識を学ぶことにひどい苦痛を覚える。自分で本を出しておいて読者に叱られそうだが、これまでに仕事関連の実務書を読んだことがない。

上京後は日々の暮らしに精一杯だったこともあり、カネを払って学ぶという意識はもとより発想そのものがなかった。それでは学生と変わりなく、社会人と呼べない。私はずっとカネをもらって学んできた。

実際のところ、私が執筆した書籍の内容は著名企業などからの受託業務をこなすうちに固まったセオリーとノウハウである。大いなる刺激と気づきに満ちた仕事に恵まれたと思う。

プランナーの入口になった販売促進企画、奥行きになった商品企画や事業企画、経営企画に関する学習、コンサルタントの食い扶持となった営業変革、商品変革や事業変革、経営変革に関する学習はゼロである。

したがって、私は原則として初めての案件に挑んできた。それ以前に、若い頃から生意気であり、その日の食べ物に困っていても仕事を選びたがった。家族はたまったものでない。

私が引き受けるのは「興味」と「困難」の2条件が揃ったときである。「面白そうだけれどできそうもない」と感じたときに心が動いた。無謀ともいえるわくわく感である。たいした腕も持たないのに自分のなかに巣食うわがままな「職人気質」にほとほと手を焼いてきた。

が、ゆえに、私は一つ仕事を終えると、一つ階段を上ったことになる。階段は高さが20センチメートルくらいなので私は1200段、標高240メートルに立っている。

頂上を目指して歩きつづけて半世紀を超えているのに、いまだに素晴らしい眺望を得られない自分にかなり落胆している。本書で紹介したのはその光景の一部である。

話を戻そう。プランナーは分かりやすいが、コンサルタントも大きな意味のアウトプットを買ってもらっている。私はわりと勘が鋭かったせいか、何とかそれなりの水準を保てた。職業人生をフリーランスで食べてきた人は皆そうだろう。

いい仕事をしなくてはクライアントが離れてしまう。二度と声をかけてくれない。顧客満足による仕事のリピートが食べていけるかどうかの分かれ目となる。

私のすべての著作の内容は「自己流」のメソッドである。だからといって、私以外の人が使えないわけでない。横着という性格も関わるが、請け負った仕事をてきぱきと片づけないと食べていけないという事情も関わる。

そこで、平たく言えば、なるべく楽をしながら出来をよくできるように、つねに進め方・やり方の標準化に努めてきた。やがて、汎用性が備わり、応用性と発展性が広がり、それにつれて有効性が高まった。

私自身はクライアントから仕事の知識を求められたことがなく、仕事の結果しか求められなかった。コンサルタントの評価は自分が関わることで数字がどう変わるかに尽きる。

こうしたシンプル・ストレートなメソッドを駆使して成果を生み出してきた。今日まで仕事が得られ、生計が成り立った。

C　成果が上がらない第一の責任

◎業績回復は自分や自社との格闘技

社長との初回面談でそれまでにつきあったコンサルタントへの「不満」が爆発することがある。しかも、過去の何社か、何人かにさかのぼっていく。

そのコンサルタントを選んだのは自分ということを忘れている。委託先の能力や水準を見極められなかったことに起因する。成果が上がらない第一の責任はクライアントにある。相手をののしり、責任をなすりつける男女関係と次元が変わらない。

カネを持っていかれるだけでお仕舞いになる企業には共通点がある。自分が言うことを受け入れ、話にうなずいてくれるコンサルタントを選ぶ。こちらの立場から述べれば、この仕事の鉄則は業績不振のクライアントの言うことに首を縦に振らないことである。

しかし、社長は話を合わせてくれるところを好む。コンサルタントとつきあうとは受け入れがたい主張を受け入れることである。当社はクライアントの社長にも社員にも嫌われてきた。それまでの「結果を出せない」考え方とやり方を否定してきたからだ。

コンサルタントは助っ人にも足かせにもなる。選定に失敗しないためには、つきあいたくない相手にするとよい。これは税理士や研修講師などでも変わらない。口当たりのいいことしか言わないプロフェッショナルにクライアントを変革へ導く力は備わっていない。

まずは社長が不退転の決意を固める。業績回復はこれまでの自分や自社との格闘技である。それが企業再生ならば総合格闘技になる。リンクで実力が丸裸になり、プライドがずたずたになることもある。

短期間で勝利を収めるには経験と実績の豊富なコンサルタントの力を借りるのが現実的である。自社でやると試行錯誤が多くなり、膨大な手間がかかる。それを金額に換算すると委託したほうがはるかに安い。最悪の場合、社員の解雇や会社の倒産を避けられなくなる。

私は読者やセミナー参加者から「そのとおりにやってもうまくいかない」としばしばこぼされる。知るだけで当事者が行えたら世の中に業績不振企業はなくなり、コンサルタントは仕事にありつけなくて消える。

本書に収めた事例は当社が関与もしくは主導するかたちで成し遂げたものに限られる。

◎創出成果は社長の限界で抑えられる

コンサルタントが望むのは成功を収められるクライアントとつきあうことに尽きる。それを果たせるなら、仕事にあまり困ることはない。となると、欠かせないのはクライアントを見抜く力である。

当社は買収型や常駐型のターンアラウンドコンサルタントと異なり、経営権や人事権はもとより地位を持てない。営業統括役員や営業本部長に準じる命令権を持つのが精一杯である。一時的に滞在することもあるが、あくまで「外部」の人間として携わる。

私が絶大な権限を持つ社長、なかでもオーナー社長が率いる企業を好むのは意思決定が早いからである。当人が腹を括り、後ろ盾になってくれるならば遠慮なく大ナタを振るえるし、躊躇なくメスを入れられる。

本書で明らかなとおり、私は成功する企業で成功している。社長や営業統括役員から一任されて徹底的に取り組んだときに驚異的な規模拡大や社業発展が起こる。

私は繰り返し述べてきたが、クライアントを立て直すのはクライアント自身、とりわけトップやリーダーである。コンサルタントができるのは、そのきっかけを与えるくらいである。

が、成功する企業は現下の環境では決して多くないうえに、コンサルタントを必要としていない。事例の大半は当社が携わらなくても何とかなったと考えている。こうしたクライアントにおける当社の貢献とは成長に要する「時間」を買ってもらったことでなかろうか。大幅な短縮を叶えられる。

結論として、クライアントを見抜くとは社長を見極めることとほぼ同義である。創出成果は当人の限界で抑えられる。

当社が社長との初回面談で厳しいと思う企業はほとんど消えている。まれにいけると感じる企業はたいてい大きくなっている。

しかし、後者についても、つきあいが始まると事前の聴き取りと実際の状況がかなり隔たっている企業も少なくない。社長の怒りの矛先が取締役や管理者、社員、顧客に向かい、自責がいつの間にか「他責」に変わっている。

私は「神様」でないので心のなかまで覗き込めないが、いままでは会社を潰す社長はSNSやブログなどで分かる。追い風に恵まれて業績が好調なだけなのに自信が過剰になったり、生活が派手になったりする。会社が危なくなりそうな時期もあらかじめ察しがつく。

◎コンサルタントという因果な商売

コンサルタントは自社で業績をテコ入れできない企業があるから食べていける。顧客を見下すなどということはありえない。親身に相談に乗り、真剣に打ち手を講じる。寝つかれないほど知恵を絞りもする。

社長が選んでくださるのはありがたい。しかし、当社が同調してくれると勘違いしている。自分の意図や意向に沿わないと感じると私を遠ざけはじめる。際立った成果を収めたクライアントはかならず私に食らいついてきた。

コンサルタントの採用を決めるのはおもに社長である。だからといって、私はその「味方」になるわけでない。当社に最初に話を持ちかけてくださった人の味方になるわけでない。

私はだれの話も聞くし、だれの話も聞かない。業績が悪い企業ほどそれぞれが自分の立場や事情に基づいてものを言っている。それを否定することもないし、それを鵜呑みにすることもない。だれかの話だけを信じたらコンサルタントは務まらない。実態や問題と照らして、冷静・慎重に耳を傾けている。

コンサルタントはだれかの味方でなくクライアントの味方である。「結果がすべて」という世界で働いており、業績がよくなりさえすればそれでいいのだ。その意味でコンサルタントは唯一、「業績」の味方である。

なお、こうすべきと考えているのに逆の仕事を引き受けるはずがない。コンサルタントを自分の要望に沿う「代行業者」と混同する社長が増えた。そもそもクライアントに言われたことを行っていたら意義も価値もない。

また、研修でしばしば「先生からこう言ってほしい」と頼まれる。コンサルタントを自分の要望に沿う「操り人形」と混同する社長が増えた。それが私の信念に沿い、かつ業績回復に欠かせないと考えれば話す。しかし、反対の内容、ましてコンプライアンスに抵触する内容を言えるはずがない。

私は面と向かって社長から「冷たい」と言われた。数字づくりに興味が集中しており、しかも妥協がない。それを成し遂げるための方針や施策を定めるに当たり、ぶつかることだってある。「不愛想」「つっけんどん」「変人」など言われ放題だった。

立て直しを支援しようとしているのに、なぜそこまで嫌われなければならないのか。嫌われるためにこの仕事をやっているような気分になる。因果な商売である。

コンサルタントは皆、顕著な貢献をやりがいにしているはずだ。私はそうである。この仕事において最重要なのは成果創出に対する「誠実さ」と考えている。

クライアントが余力を失い、コンサルタントは結果で報いるほかにない。営業現場に精通した数字づくりの「職人」でないと果たせないタスクが増えている。

原稿を書き終えて自覚したのは、この仕事を通じて「おたく」の世界へ足を踏み入れていたことだった。それは手っ取り早い支出削減でなく面倒臭い収入増加にこだわった結果だろう。

私は現有戦力の底上げと再配置による営業強化に軸足を置いてきた。そうでなければ「雇用維持」を前提とした業績回復のメソッドを固められなかった。

d　セールスイノベーションの実現へ

◎営業研修は間もなく消える運命にある

私は営業教育と営業指導を請け負うことが多かった。クライアントが強く要望したのが社員一人ひとりが売れない市場環境で数字の上積みに挑む定番『提案営業研修標準講座』だった。学習でなく仕事と位置づけて取り組む。

ところが、そうしたニーズが２００８年に、さらに２０１０年代に変化した。多くの企業で成果の乏しい研修全般に対する失望が広がるとともに、コストをかけられなくなったことも一因かもしれない。営業社員を育成しようとする「熱」が冷めていった。

労働市場が売り手優位に転じ、不人気の営業職は人材どころか人手の確保が至難になった時期とおおよそ重なる。

企業はウェブサイトを通じたインバウンドを重視しはじめた。営業による飛び込みやテレアポでなくマーケティングによるリード獲得に舵を切った。

東京五輪開催が決定した２０１３年に前後して景気が持ち直し、やがて引き合いはあっても刈り取る社員がいないという状況が生まれた。企業の関心が営業の能力向上でなく人員確保に向かうのは必然といえた。

当社では開発営業による案件育成を主眼とした営業研修の受託が減った。キャパシティを超える予約を抱えて全国を奔走していたピーク時には想像もつかない落ち込みである。

私は職業人生のラストステージと位置づける６６歳〜７７歳を迎える際に、ビジネスモデルを転換する決意を固めた。これまでは私が社員に教えた。それを私がＡＩに教え、ＡＩが社員に教えるようにする。

企業が社員に受講させてきた営業研修は間もなく消える運命にある。ワークショップとロールプレイを交えるとしても講師による屋内会場でのレクチャーは数字への直結度においてＡＩによる顧客接点でのアドバイスにまったく歯が立たない。営業教育に打ち込んできた私としては情けないが事実である。

◎営業デジタル化で大幅に立ち遅れ

私は教育指導を機軸とした営業立て直しに携わるなかで数字づくりのセオリーとノウハウの確立・蓄積に努めてきた。おもに営業尺度と営業帳票になるが、どちらも収益伸長の即効性が高いコンテンツと胸を張れる。

クライアントではこれを道しるべに業績回復を推し進めるが、めどがついて離れた途端に使われなくなる。人間に依存しているためである。

また、主要業界・市場の上位企業では営業関連のコンテンツが貯まっている。しかし、肝心の数字づくりの現場で使われていない。宝の持ち腐れである。

これらはアナログでの人手利用に留まっていては限界がある。有用性を如何なく発揮するにはデジタルでの自動利用に高めることが絶対条件となる。

クライアントが当社に業務を委託する目的は開発営業の円滑化、案件進捗の加速化、商談成立の確実化を通じた顧客増加・売上増加に尽きる。研修は目的でなく手段にすぎないと頭では分かっていたが、講師派遣などによる教育指導に捉われていた。私は「営業デジタル化」で大幅に立ち遅れた。

とはいえ、企業は数字づくりに興味を失ったわけでない。ライバルとの市場競争は一段と激しさを増している。一時的に下火になったが、営業社員の育成に注力しなければ生き残りも覚束ないと承知している。ただし、人間でなく先端技術が担う。

そのおおもととなるコンテンツの準備には途方もない歳月がかかる。とくに営業尺度の作成はゼロから営業分野の専門辞書を編纂するくらい骨が折れる。

私が好きな日本映画に『舟を編む』という2013年の作品がある。出版社の辞書編集部が中型国語辞典『大渡海』を十数年がかりで世に送り出すというストーリーである。志と執念なしには成し遂げられない。

私は共感と感動を覚えたが、ややあって自分がつくろうとしている営業辞書は「あいうえお順」に並べる国語辞書と違うと気づいた。コンテンツが収益伸長という目的に沿い、体系的に機能しなければならない。

ちなみに、国語辞書の編纂は「用例採集」から始まる。言葉や意味、用法などを集め、小さなカードに書き溜めていく。そして、「見出し語選定」「語釈」へと気の遠くなる作業が延々と続く。

私は20代に営業の仕事に嵌まり、いわゆる大学ノートにステップのインデックスラベルを貼って「セールスノート」をつけはじめた。その頃から営業プロセスの概念を持っていたことになる。おもに当日の商談の振り返りに用いた。

そして、見開きの左側に成功要因、右側に失敗要因を対比させながら書き止めた。これが営業尺度の作成のきっかけである。AIでの利用を意識するようになったのは21世紀に入ってからであるが、すでに45年以上が経っている。

私は地味で泥臭い作業を粘り強く進めると覚悟を決めていたが、少なくとも小型国語辞書をつくるのに匹敵するくらい大変かもしれないと思うようになった。残りわずかな職業人生を捧げてのめり込む価値は十分にある。

当社は営業立て直しに資する知見をそれなりに保有している。これには営業活動の有効性を評価するKPIやそれを構成するエレメントも含まれる。ビジネスモデル特許などの知的財産権を取得しながら事業化を推し進めていきたい。

◎スタートアップとオープンイノベーション

当社の教育指導のコンテンツを生かすにはＡＩやＩＴで処理できる状態に仕立てる「データモデリング」の作業を済ませたうえで、ＡＩアプリケーションやＩＴシステムにプログラミングすることが必須となる。

そこで先端技術に通じ、しかもセールステック＆エドテックに特化したスタートアップとオープンイノベーションで実用化することにした。

代表の本郷理一氏は国立大学の理系学科を卒業して間もないが、学生時代に当社が主催する長期日程のセミナーを受講し、起業における営業の重要性を理解した。

以降、大学の重い課題をこなしながら、いまどきの社員が毛嫌いする新規開拓のテレアポやプロポーザル作成の代行などに励むなかで営業の仕事の面白さと奥深さに目覚めた。

そして、数字づくりを支援する「営業ＤＸコンサルティング」を同社のドメインに定め、事業を始めたところである。最大の強みは営業経験が豊富であるとともに営業現場に精通していることだろう。私自身は新規開拓で辛酸をなめ、挫折を味わったことのないスタートアップが開発した営業関連のＡＩアプリケーションやＩＴシステムを信じていない。ベンチャーが開発したＳＦＡやＣＲＭ、ＭＡなどについてもそう思う。

当社が営業尺度と営業帳票から生成した営業規範データと営業指標データを同社がテクノロジーによりプログラミングし、「営業行動変容」と「営業管理転換」に役立てる。前者が顧客接触指南アプリケーション「ＡＩ上司サルトル」、後者が案件育成援護システム「ＩＴ上司ニーチェ」である。

ちなみに、サルトルは上司の実地ＯＪＴである顧客接点でのアドバイスを代行し、ニーチェは上司の職場ＯＪＴである営業会議や日次報告での案件進捗と売上形成を促進する。

私は生まれたばかりのスタートアップと心と力を合わせ、企業におけるセールスイノベーションの実現、営業ニューノーマルの構築に貢献したいと切に願う。

２０２１年１０月１０日

和田　創

収益伸長の黄金比を拠りどころとした「営業成果創出標準モデル」を一目瞭然の大判図解資料に仕上げている。事例にしばしば登場する『提案営業研修標準講座』を明快なパンフレットに仕立てている。どちらも当社のホームページの「問合せ欄」からご請求くだされば Ｐ Ｄ Ｆ版をお送りする。本書の説明と突き合わせてくださると理解が一層深まる。

〔著者紹介〕

和田　創（わだ・そう）

数字づくりに特化した経営コンサルタント。

業種や規模を問わず、多くの企業でおもに「業績回復」に携わってきた。雇用維持を前提とし、支出削減でなく「営業立て直し」を主体とした収入増加にこだわり、状況に応じて商品・事業・経営変革を絡めつつ現有戦力の底上げと再配置で成し遂げてきた。

四半世紀を超えて蓄積した営業尺度と営業帳票から営業規範データと営業指標データを生成してＡＩやＩＴに適用し、「セールステック＆エドテック」による人手に頼らない営業強化・営業変革をスタートアップと推し進めている。

教育・指導の年間実績は約百回、過去最多３百回弱。対象は社長から取締役、管理者、社員まで、テーマは経営、管理、人事、事業・商品、企画まで幅広い。主要なビジネスセミナー会社はほぼ登壇。足かけ17年にわたり月例でトップセールスを招いて営業を究めるＮＰＯ法人『営業実践大学』を主宰した。

未来志向の営業強化
成果創出の「これまで」と「これから」

2021年11月11日　第１刷発行

著　者　和田　創 ©
発行者　本郷　理一
発　行　トラスト出版
〒150-0044 東京都渋谷区円山町5-5 Navi渋谷Ｖ3F
ＴＥＬ　０５０－３７８６－４３５１
発　売　サンクチュアリ出版
〒113-0023 東京都文京区向丘2-14-9
ＴＥＬ　０３－５８３４－２５０７／ＦＡＸ　０３－５８３４－２５０８

印刷・製本所　三進社